북핵,
오늘과 내일

경남대 극동문제연구소 편

늘품플러스

북핵, 오늘과 내일

글   경남대 극동문제연구소
펴 낸 곳   늘품플러스
펴 낸 이   전미정
책임편집   이동익
디 자 인   윤종욱 박지은
출판등록   2008년 1월 18일 제2-4350호
주   소   서울 중구 퇴계로 182 가락회관 6층
전   화   070-7090-1177
팩   스   02-2275-5327
이 메 일   go5326@naver.com
홈페이지   www.npplus.co.kr
인   쇄   2016년 9월 26일

ISBN   978-89-93324-85-3 03340
정가   13,000원

북핵,
오늘과 내일

서문

2016년 1월 북한은 '수소탄 시험'이라고 주장하는 제4차 핵실험을 단행했고, 동년 2월에는 '광명성' 장거리 로켓을 발사했습니다. 이후 북한은 동년 8월 잠수함 발사 탄도 미사일 시험발사를 단행한 지 16일만인 2016년 9월 9일 제5차 핵실험을 강행했습니다. 국제사회는 북한의 핵실험과 장거리 로켓 발사를 '도발'로 규정하고 있습니다. 북한의 4차 핵실험과 장거리 로켓 발사에 대응해 유엔 안보리는 동년 3월 외교적·경제적으로 그 어느 때보다도 강력한 대북제재 결의 2270호를 통과시켰습니다. 미국도 기존의 대북제재 목록에 북한의 핵·미사일 관련 개인 및 기관을 추가했고, 한국 역시 별도의 대북제재 목록을 발표하며 북한에 대한 압박을 강화했습니다.

그렇지만 김정은 체제는 핵·미사일 개발을 오히려 강화하고 있습니다. 북한은 대북제재 결의 2270호가 채택된 다음날 '정부 대변인' 명의의 성명을 통해 "단호한 대응조치로 맞설 것"이라고 주장했습니다. 북한은 그동안 시험발사 하지 않았던 중거리 지대지 탄도 미사일 '화성-10'(한·미명 무수단)을 2016년 4~6월 6차례에 걸쳐 시험발사하며, 나름의 성과를 거두기도 했습니다.

이와 같이 북한은 핵·미사일 능력 고도화를 통해 한국과 국제사회에 대한 군사적 위협의 수위를 끌어올리고 있습니다. 이에 대응해 한국과 미국은 주한미군 사드(THAAD) 배치를 결정했고, 일본도 사드 도입을 적극적으로 검토하고 있습니다. 반면 중국과 러시아는 한반도에 사드를 배치하는 것이 '동북아의 전략적 균형'을 훼손하는 것이라며 강력하게 반발하고 있습니다. 즉, 한반도 사드 배치로 인해 이른바 'G2'로 불리는 미국과 중국 사이의 갈등이 심화되고 있습니다. 이로 인해 국제사회가 추진하고 있는 대북제재에 균열이 생길 수 있다는 우려가 제기되고 있습니다.

북한의 핵·미사일 문제가 한반도와 동북아, 국제사회의 주요 현안으로 대두된 지 30년 가까이 지났지만, 아직까지 근본적인 해결책을 찾지 못하고 있습니다. 김정은 체제는 앞으로 더욱 공세적인 핵전략을 내세우며 위협을 강화할 것으로 예상됩니다. 그러나 이 문제의 직접적인 이해당사국인 한국의 입장과는 달리 미국, 중국 등 주변국은 북한의 핵·미사일 문제의 근본적 해결책을 모색하기보다는 북한의 핵·미사일 문제로 파생되는 사안에 집중하며 자신들의 이익에만 급급해 하는 것 같습니다. 북한의 핵·미사일 문제가 해결되지 않는다면 한반도의 평화와 안정, 나아가 통일을 이루기는 어렵습니다.

그동안 경남대 극동문제연구소는 '實事求是' 정신에 입각해 한반도의 평화와 통일에 관한 연구에 매진해왔습니다. 특히, 우리 연구소는 금년 들어 핵·미사일 관련 현안을 심도 있게 분석·해설하고, 전문적인 내용이 많아 쉽게 이해하기 어려운 북한 핵·미사일 문제에 관한 개념 등을 쉽게 풀어서 설명하는 「북핵·미사일 리포트」를 연구소 웹사이트에 매주 게재하고 있습니다. 이와 함께 우리 연구소는 북한 핵·미사일 문제의 근본적 해법을 모색하는 연구를 지속적으로 진행해왔습니다. 최근의 연구 성과를 종합해 『북핵, 오늘과 내일』을 발간하게 됐습니다.

연구소는 이 책에서 북한의 핵·미사일 능력이 어느 정도 수준인지 분석하고, 북한의 핵전략 및 향후 전환 가능성을 살펴봤습니다. 이어 북한의 핵·미사일 고도화에 대응해 추진하는 대북제재의 효용성과 북한이 '경제건설 및 핵무력 건설 병진노선'을 통해 추구하는 목표가 무엇인지에 관해 논의했습니다. 마지막으로 북핵문제의 근본적 해결책 모색을 위한 패러다임 변화의 필요성을 강조했습니다. 이처럼 이 책은 북한 핵·미사일 문제에 관한 총론적 차원의 접근이라고 할 수 있습니다. 앞으로도 우리 연구소는 북한 핵·미사일 문제의 실질적인 해결책을 모색하는 연구를 계속해서 진행하고자 합니다.

끝으로, 『북핵, 오늘과 내일』에 참여해 준 연구자들에게 감사를 표합니다. 모쪼록 이 책이 북한 핵·미사일 문제의 근본적 해결책 모색이 시급하고 중요하며 절실하다는 사실을 다시 한 번 일깨우는 계기가 되기를 바랍니다.

2016년 9월

경남대 극동문제연구소 소장 윤대규

목차

제1장

북한의 핵·미사일 능력과 고도화

장철운
(경남대 극동문제연구소 연구교수)

Ⅰ. 들어가며

'북한 핵문제'는 1980년대 후반 한반도와 동북아, 국제사회의 주요 이슈로 본격 대두된 이후부터 현재까지 우리가 직면하고 있는 가장 중요한 문제 가운데 하나이다. 북한 핵문제, 즉 북한의 핵무기 개발 문제는 한국의 안보를 가장 크게 위협하는 문제이기 때문이다. 1990년대 초반 주한미군이 보유했던 핵무기가 전량 미국으로 철수한 이후 북한 핵문제는 한반도의 군사력 균형을 북한의 비재래식 전력과 한·미의 재래식 전력이 대립하는 상황으로 변화시켰다. 북한은 2006년 이후 5차례나 핵실험을 단행하며 핵개발을 상당한 수준으로까지 지속하고 있다. 일부에서는 북한의 '핵미사일' 실전배치가 임박했다고 우려하기도 한다. 이에 대응해 한국은 미국으로부터 소위 '핵우산'을 포함한 확장억제를 제공받고 있지만, 이러한 비대칭적 군사력 균형은 한국에 있어 가장 큰 안보 위협이 아닐 수 없다.

북한 핵문제는 남북한의 통일에 가장 큰 걸림돌이기도 하다. 북한이 핵무기 개발을 지속하는 상황에서 한국은 북한과 통일에 관해 의미있는 대화를 진행하기 어렵다. 앞서 언급한 것처럼, 북한의 핵무기 개발이 한국의 안보를 위협하는 가장 큰 요인이기 때문이다. 한편 통일 한국을 이룩하는 데 있어서 가장 중요한 것이 남북한의 의지와 능력이지만, 주변국의 협력 또한 중요한 요인이다. 미국, 중국, 일본, 러시아 등 주변 강대국은 통일 한국이 북한의 핵무기 개발을 계승하는 상황을 가장 우려하고 있다.1 이처럼 북한이 핵무기 개발을 포기하지 않는 상황에서 한국은

1_ 한반도 통일에 관한 주변국의 입장과 전략에 관해서는 배정호·박영호·박재적·김동수·
김장호, 『한반도 통일에 대한 동북아 4국의 인식』 (서울: 통일연구원, 2013); 배정호·봉
영식·한석희·유영철·박재적·최원기, 『동북아 4국의 대외전략 및 대북전략과 한국의

통일에 대한 주변국의 협력을 구하기 어려운 것이 사실이다.

북한의 미사일 문제 역시 마찬가지이다. 북한은 다양한 사거리의 지대지 탄도 미사일(SSM: Surface-to-Surface Missile)을 보유하고 있다. 북한은 한국의 주요 거점을 각종 포병 전력뿐 아니라 지대지 탄도 미사일로 충분히 타격할 수 있으며, 일본도 타격할 수 있는 미사일 능력을 갖고 있다. 북한은 1990년대 중반부터 미국 본토를 타격할 수 있을 것으로 평가되는 대륙간 탄도 미사일(ICBM: Inter-Continental Ballistic Missile)급 지대지 탄도 미사일을 개발해왔다. 최근에는 태평양에 있는 미국 영토인 괌까지 도달할 것으로 예상되는 '화성-10' 미사일의 시험 발사에 성공하기도 했다. 게다가 북한은 김정은 시대 들어 잠수함 발사 탄도 미사일(SLBM: Sub-marine Launched Ballistic Missile) 개발에도 박차를 가하고 있다. 이처럼 북한의 미사일 문제는 한국뿐 아니라 일본과 미국 등 주변국에 대한 중대한 안보 위협이며, 이러한 상황에서 한국이 북한과 통일 문제를 논의하기는 어려운 동시에 통일에 대한 주변국의 협력도 구하기 어려운 것이 사실이다.

이러한 가운데 북한의 핵·미사일 문제 해결을 위한 다양한 노력이 있었지만, 아직까지 제대로 된 성과를 거두지 못했다. 북한 핵문제와 관련해서는 1994년 미국이 북한과 '제네바 기본합의'를 체결하면서 해결 국면에 접어드는 듯 했다. 그러나 2002년 북한의 고농축 우라늄 의혹이 제기되면서 소위 2차 북핵 위기로 전환됐다. 6자회담이 이뤄지며 2005년 「9.19공동성명」 등에 합의하기도 했지만, 2008년 12월 6자회담 수석대표 회담을 마지막으로 아직까지 대화 국면으로 진입하지 못하고 있다. 북한

통일외교 전략』 (서울: 통일연구원, 2014); 경남대 극동문제연구소 편, 『동아시아 질서 변화와 한반도 미래』 (서울: 선인, 2015) 등 참고.

미사일 문제와 관련해서는 1996년부터 2000년까지 6차례에 걸쳐 북한과 미국 사이의 회담이 진행됐지만 특별한 성과를 도출하지 못했고, 한국과 일본은 북한과 미사일 문제만을 본격적으로 다루는 협상을 진행한 적이 없다.

북한 핵·미사일 문제가 우리에게 이처럼 중요하고, 해결이 난망한 상황에서 우리는 이 문제를 처음부터 꼼꼼하게 다시 탐색할 필요가 있다. 왜냐하면 북한이 2016년 들어 단행한 4차 핵실험과 5차 핵실험, '광명성' 로켓 발사와 '화성-10' 미사일 발사 등과 같은 최근 현안에만 매몰될 경우 우리가 직면한 문제의 중요성이 어느 정도인지, 제대로 된 해결책이 무엇인지를 모색하는 데 한계가 있을 수 있기 때문이다. 따라서 북한의 핵·미사일 개발 경과, 북한의 핵·미사일 고도화 현황 평가, 북한의 핵·미사일 개발 전망 등에 관해 논의하고자 한다. 북한의 핵·미사일 개발 문제를 총체적으로 살펴봄으로써 이 문제를 해결할 수 있는 단초를 찾는 데 기여할 수 있을 것이다.

Ⅱ. 북한의 핵·미사일 개발 경과

1. 북한의 핵개발 경과

북한은 광복 직후부터 핵에너지의 이용에 관심을 갖기 시작한 것으로 보인다. 북한은 소련의 기술원조를 받아 북한 지역에서 우라늄 광맥 탐사를 실시했으며, 1947년부터 6.25전쟁 발발 직전까지 약 9,000t의 우라늄 원석을 채굴하여 소련에 반출한 것으로 알려졌다.[2] 북한은 1950년대 중반부터 원자력에 대한 이론적 연구를 착수했고, 이를 위한 실질적 훈련은 소련의 '드브나(Dubna) 연합 핵연구소'에서 이뤄졌다. 이와 관련된 협력은 1952년 5월 6일 북한과 소련간 체결된 협정 「Agreement between the Government of the USSR and Government of the DPRK on the Education of Citizens of the DPRK in the Civil Higher Education Establishments」이다. 북한은 6.25전쟁 이후인 1955년 4월 과학원 제2차 총회에서 '원자 및 핵물리학연구소를 설치할 것'을 결정했으며, 1956년 3월 26일 소련의 드브나 연합 핵연구소 창설에 참여하기 위해 소련과 「연합 핵연구소 조직에 관한 협정(UINR: United Institute for Nuclear Research)」을 체결했다.3

북한은 소련과 1959년 9월, 북한의 원자력연구단지 건립을 지원하는 협정인 「조·소 원자력 평화이용에 관한 협정」을 체결했다. 북한과 소련 전문가의 공동 지질조사 결과, 영변 부근의 구룡강 기슭을 연구용 원자로 건설부지로 선정했으며, 1962년부터 IRT-DPRK 연구용 원자로, 방사화학실험실 등의 '영변 원자력 연구기지' 건설이 본격적으로 추진됐다.4 북한은 1970년대 초반부터 핵연료에 관한 연구를 시작했으며, 1975년 우라늄·플루토늄 화학실험을 실시했다.

북한은 1974년 9월 국제원자력기구(IAEA: International Atomic Energy Agency)에 가입하며 국제적 협력체계 구축을 위해 소련 및

2_ 장준익, 『북한 핵·미사일 전쟁』 (서울: 서문당, 1995), 114~116쪽.

3_ UINR에 참여했던 11개국은 소련, 중국, 북한, 월맹, 몽골, 폴란드, 동독, 루마니아, 헝가리, 불가리아, 알바니아 등이며, 동 협정의 주요 내용은 소련을 중심으로 사회주의 국가 11개국이 인재와 재원을 공동으로 활용하여 핵을 연구하고 이용함으로써 사회주의권의 핵 역량을 강화한다는 것이었다. 외교통상부, 『한반도문제 주요현안 자료집』 (1998)의 '북핵일지'에는 동 협정이 북한-소련간 「원자력의 평화적 이용에 관한 협정」으로 기록되어 있는데, 이 기록은 잘못된 것이다.

4_ 한국원자력연구소, 『북한 핵 문제와 경수로 사업(III) - 통제분야 협력방안』 (대전: 한국원자력연구소, 2002), 1~6쪽; 14쪽; 신재인, 『북한 핵 프로그램의 전망과 한반도에서의 기술-경제 협력』 (서울: 세종연구소, 1998), 31쪽.

동구권 등의 외국 대학에 유학생을 파견해 교육을 실시하는 한편 IAEA 와의 기술협력을 통해 기술자를 훈련시켰다. 또한 1977년 7월 20일 IAEA와 IRT-DPRK 연구로와 임계시설에 대한 '부분 안전조치협정'을 체결했으며, 1979년 12월부터 2년 동안 IAEA에서 극동지역 대표 이사국 으로 활동했다. 이후 김일성은 1980년 노동당 제6차 대회에서 원자력 발전소 건설을 지시했으며,5 이 지시에 의해 건설이 시작된 '영변 1호기 (5MWe 시험원자로)'는 1985년 완공돼 1986년 1월부터 가동됐다. 이 기간 중 실험용 핫셀에서 최초의 사용후 핵연료 재처리가 수행된 것으로 알려졌다.

1985년 12월 12일 북한은 「핵무기비확산조약(NPT: Non-Proliferation Treaty)」에 가입하며 소련으로부터 VVER 440MWe급 경수로 4기를 지원받기로 하는 「조-소간 원자력 발전소 건설에 관한 경제기술협력협정」 을 체결했다. 이를 위해 북한은 1986년 12월 정무원 산하에 '원자력공업 부'를 신설했으며, VVER과는 다른 형태이지만 영변 1호기와는 비슷한 형태의 '영변 2호기(50MWe 원자로)'와 '태천 1호기(200MWe 원자로)' 를 1987년부터 건설하기 시작했다. 비슷한 시기부터 방사화학실험실과 핵연료봉 공장을 건설하기 시작했는데, 핵연료봉 공장은 1990년 완공됐 다. 그러나 방사화학실험실과 영변 2호기, 태천 1호기의 건설은 1994년의 「북·미 제네바 합의」로 건설이 중단됐다.6

5_ <노동신문>, 1980년 10월 14일자.
6_ 1990년대 초반 북한과 국제원자력기구가 공동으로 추진한 과제는 다음과 같다. 인력개
   발, 우라늄 탐사, 핵분석 기술 및 핵의학용 방사성 핵종 생산을 위한 가속기, 핵계측
   및 컴퓨터 인터페이싱, 원자력의 농학 이용, 원자력의 의학 이용, 원자력의 산업 이용,
   해양 방사선 감시, 종사자 선량 측정 서비스. 한국원자력연구소, 『북한의 원자력 이용
   개발 현황 분석 및 전망 연구(Ⅰ)』(대전: 한국원자력연구소, 1993), 40~42쪽; 82~88쪽;
   이춘근, 『과학기술로 읽는 북한 핵』(서울: 생각의 나무, 2005), 213쪽.

1991년 12월 31일, 남북한은 「한반도 비핵화 공동선언」에 서명했으며, 이 선언의 이행을 위하여 1992년 3월부터 '남·북 핵통제공동위원회'가 설립돼 회의가 진행됐지만 성과를 거두지는 못했다. 북한은 NPT 가입 이후 6년 이상이 지난 뒤인 1992년 4월 10일에야 IAEA와의 '전면 안전조치협정'을 발효시켰으며, 전면 안전조치협정에 따라 1992년 5월 4일 IAEA에 최초보고서를 제출했다. 동년 5월 23일부터 6월 5일까지 실시된 IAEA 사찰에서 북한이 제출한 최초보고서와 사찰 결과가 일치하지 않는 점이 발견됐다. 이렇게 시작된 이른바 '1차 북한 핵문제'는 1994년 10월 21일 북·미 간에 「제네바 기본합의문(Agreed Framework)」이 체결되며 일단락됐으며, 동년 11월 1일 북한은 핵활동 동결을 공식 선언했다.[7]

그러나 2002년 10월 북한을 방문했던 미국의 제임스 켈리 특사는 방북 결과를 설명하는 자리에서 북한이 고농축 우라늄을 이용한 비밀 핵무기 프로그램의 존재를 시인했다고 발표했으며, 약 일주일 뒤인 10월 25일 북한 외무성 대변인은 '선 핵개발 계획 포기 거부 및 핵문제 해결을 위한 북·미 불가침 조약 체결'을 주장했다. 이렇게 발생한 소위 '2차 북한 핵문제'를 해결하기 위해 북·중·미 3자 회담이 2003년 4월 북경에서 개최됐지만 성과를 거두지 못했으며, 북한·미국·한국·중국·일본·러시아 등 6개국이 참여하는 6자회담이 개최됐다. 1·2·3차 6자회담에서는 큰 성과가 없었으며,[8] 급기야 3차 6자회담 직후인 2005년 2월 10일 북한은 핵무기

7_ 이춘근, 『과학기술로 읽는 북한 핵』, 213~215쪽; 국방부, 『대량살상무기(WMD) 문답백과』(2004), 210~211쪽.

8_ 이춘근, 『과학기술로 읽는 북한 핵』, 221~223쪽. 2003년 8월 27~29일간 열렸던 제1차 6자회담은 의장이 구두로 협의 내용을 요약해 발표했고, 2004년 2월 25~28일간 열렸던 제2차 6자회담은 '의장성명'을 채택하였으며, 2004년 6월 23~26일간 열렸던 제3차 6자회담도 '의장성명'을 발표하였다. 제1차 6자회담부터 제3차 6자회담까지의 내용은 이수혁, 『전환적 사건: 북핵 문제 정밀 분석』(서울: 중앙북스, 2008); 서보혁, 『탈냉전기 북미관계사』(서울: 선인, 2004), 347~360쪽 참고.

보유를 공식 선언하면서 6자회담 참가의 무기한 중단과 자위를 위한 핵무기고의 확대를 선언했다.[9]

한 동안 공전하던 6자회담은 2005년 7월 26일부터 9월 19일까지 4차 회담이 진행됐으며, 이 회담에서 큰 틀의 해결 방향을 담고 있는 「9.19공동성명」이 채택됐다. 그렇지만 「9.19 공동성명」 채택 직후 미국은 방코델타아시아은행(BDA)에 대한 제재를 단행함으로써 북한에 대한 금융제재를 강화했다. 북한은 이에 반발하며 2006년 10월 9일 제1차 핵실험을 단행했고, 6자회담이 다시 동력을 얻으며 2007년 2월 13일 6개국은 「9.19 공동성명 이행을 위한 초기조치」(「2.13 합의」)에 합의했다. 이의 이행을 완료한 6개국은 2007년 10월 3일 「9.19 공동성명 이행을 위한 제2단계 조치」(「10.3 합의」)에 합의했으나, 이의 이행 과정에서 북한의 핵시설 불능화 검증을 위한 시료 채취 등의 문제에 합의하지 못했으며, 2008년 12월 열린 6자회담 수석대표회의를 끝으로 아직까지 재개되지 않고 있다.

이러한 가운데 북한은 2009년 5월 25일 제2차 핵실험을, 2013년 2월 12일 제3차 핵실험을, 2016년 1월 6일 제4차 핵실험을, 2016년 9월 9일 제5차 핵실험을 각각 단행하며 핵능력 강화를 과시해왔다. 북한이 실시한 1~3차 핵실험으로 발생한 인공지진파의 강도는 점차 강력해졌는데, 대체로 1차 핵실험에 비해 2차 핵실험의 폭발력이 4배 이상, 3차 핵실험이 2차 핵실험에 비해 2배 정도 강력해진 것으로 평가된다.[10] 북한은 3차 핵실험 성공 사실을 발표하며 '핵무력의 다종화·소형화·경량화'에서 성과를 거뒀다고 주장했다. 이로 인해 북한이 3차 핵실험에서 고농축

9_ <노동신문>, 2005년 2월 11일자.
10_ 함형필, "3차 핵실험 이후 북한 핵능력 평가: 사실상의 핵보유국인가?," 한국국방연구원, 『동북아안보정세분석』(2013.3.10.).

우라늄을 사용했을 것이라는 추측이 제기되기도 했지만, 이와 관련해 확인된 사실은 아직까지 아무 것도 없다.

4차 핵실험으로 발생한 인공지진파의 강도는 3차 핵실험과 큰 차이가 나지 않는 것으로 알려졌다. 북한은 4차 핵실험 실시 직후 '수소탄 시험'이었다고 주장했지만, 인공지진파의 강도 등을 종합적으로 감안했을 때 핵융합 반응이 포함된 '증폭핵분열탄' 실험이었을 것으로 평가된다. 만약 북한이 4차 핵실험에서 증폭핵분열탄을 실험한 것이 사실이라면 3차 핵실험과 같은 폭발력을 내는 데 사용한 핵물질의 양은 더 적었을 것이다. 이는 곧 북한이 주장하는 핵폭발장치의 소형화·경량화 수준이 진일보하고 있다는 사실을 의미한다.

5차 핵실험으로 발생한 인공지진파의 강도는 4차 핵실험(한국 기상청 측정 리허터규모 4.8)보다 0.24 큰 5.04를 기록했으며, 이를 근거로 계산한 폭발력은 4차 핵실험(6kt)의 2배에 가까운 10kt 정도인 것으로 알려졌다.[11] 북한은 5차 핵실험 직후 발표한 '핵무기연구소' 명의의 '성명'에서 "핵탄두의 위력 판정을 위한 핵폭발 시험을 단행했다"고 주장했다. 5차 핵실험에 사용된 '핵탄두'에 대해서는 "노동당의 전략적 핵무력 건설 구상에 따라 우리 핵무기연구소 과학자, 기술자들이 북부 핵시험장에서 새로 연구 제작했다"고 설명했다.[12] 북한이 5차례나 핵실험을 실시했다는 사실, 5차 핵실험과 관련해 발표한 성명의 내용 등은 북한이 '핵탄두를 탑재한 미사일' 보유에 매우 가깝게 다가섰다는 평가를 가능하게 한다.

11_ <연합뉴스>, 2016년 9월 9일자.
12_ <조선중앙통신>, 2016년 9월 9일자.

2. 북한의 미사일 개발 경과

북한은 독자적 군사력 증강 정책을 채택한 1960년대 초반부터 미사일 개발에 관심을 보이기 시작했으나, 1980년까지는 수준 있는 기술을 획득하지 못했다. 북한은 1962년 말에서 1963년 초 사이에 소련에서 지대공 미사일인 SA-2(NATO명. 소련명 S-74 Dvina)를 도입해 배치하고, 1968년에는 사거리 15~55km인 지대지 FROG-5 로켓을 도입했지만, 소련은 북한이 미사일의 조립·운용·관리 및 시험 등을 할 수 있도록 지원하지 않았다.[13]

북한은 1971년 9월 중국과 탄도 미사일 등을 획득·개발·생산하는 내용의 협정을 체결한 것으로 알려졌지만, 양측의 실질적인 협력은 1975년 이후 본격적으로 시작됐다.[14] 중국은 북한과의 둥펑(東風, DF)-61 미사일 공동 개발 책임자로 1976년 당시 중앙군사위원회 위원이자 베이징(北京)군구 사령원(사령관)이었던 첸실란(陳錫聯) 장군을 임명하는 등 의욕을 보였으나, 1년여 뒤에 첸 장군이 숙청됨에 따라 북·중 미사일 공동 개발이 취소됐다.[15] 북한은 1970년대 전차·자주포·장갑차 등과 같은 주요 지상무기체계와 잠수함·고속정 등을 비롯한 전투함정을 생산하는 등 독자적인 군수산업 능력을 성장시켜 상당한 수준에 올라섰지만, 항공기와 지대지 탄도 미사일을 자체 개발할 기술력을 보유하고 있지는 못했다.[16]

13_ 장철운, "남북한의 지대지 미사일 경쟁 연구: 결정요인 및 전력을 중심으로" (북한대학원대 북한학 박사학위논문, 2014), 80쪽.

14_ Hua Di, "One Superpower Worse that Two," *Asia-Pacific Defense Reporter* (September 1991), pp. 14~15.

15_ 니시무라 시게요·고쿠분 료세이 지음, 이용빈 옮김, 『중국의 당과 국가: 정치체제의 궤적』 (파주: 한울, 2012), 211~222쪽 등 참고.

16_ 임강택, 『북한의 군수산업 정책이 경제에 미치는 효과 분석』 (서울: 통일연구원, 2000),

북한은 1980년대 초반 이집트에서 소련제 스커드-B 지대지 탄도 미사일과 이동식 발사대(TEL: Transporter Erector Launcher) 차량(MAZ-543) 등을 도입해 독자적인 지대지 탄도 미사일 개발의 토대를 마련했다. 북한은 이집트에서 도입한 소련제 스커드-B 미사일을 역설계(reverse-engineering)하는 방식으로 독자적인 지대지 미사일 개발을 위한 능력을 축적했다. 북한은 1984년 탄두 중량 1t, 사거리 300km 정도인 스커드-A 개량형 미사일을 독자 개발하는 데 성공한 것으로 알려졌다. 북한은 스커드-A 개량형 지대지 탄도 미사일을 6차례에 걸쳐 시험 발사했지만 절반만 성공했으며, 실전에 배치하지는 않았다.17

북한은 1985년 사거리 320~340km, 탄두 중량 1t의 스커드-B 개량형 지대지 탄도 미사일을 독자 개발하는 데 성공한 것으로 알려졌으며, 1986년에 실전 배치했다. 북한은 1985년 이란과 「탄도 미사일 개발 협정」을 체결한 것으로 알려졌는데, 이 협정의 주요 내용은 이란이 북한의 미사일 개발에 자금을 지원하는 대신 북한이 생산한 스커드-B 개량형 미사일 구매에 이란이 우선권을 갖는다는 것이다.18 미사일 개발을 지속한 북한은 1989년 무렵 스커드-B 개량형과 거의 동일한 동체를 이용하지만, 탄두 중량을 700kg으로 줄여 사거리를 500km로 연장한 스커드-C 개량형 지대지 탄도 미사일을 개발했으며, 1991년부터 실전에 배치했다. 북한은 1990년 가을 이란과 스커드-C 개량형 미사일의 수출입과 관련한 협정을 체결했으며, 1992년 이란에 스커드-C 개량형 미사일 100기 등을 수출

59~60쪽.

17_ David Wright and Timur Kadyshev, "The North Korean Missile Program: How Advanced Is It?," Arms Control Today, 24-3 (1994), p. 9.

18_ 홍용표, 『북한의 미사일 개발전략』(서울: 통일연구원, 1999), 16쪽.

한 것으로 알려졌다.[19]

북한은 1990년대 들어 그동안 연구·축적해 온 미사일 기술을 바탕으로 미사일 사거리 연장 프로그램을 추진하기 시작했다. 북한은 스커드-B의 엔진과 동체 등을 1.5배 정도 확대하는 방법을 통해 사거리가 1,000~1,300km 이상으로 추정되는 노동 미사일을 독자 개발한 것으로 분석된다. 북한은 1990년 5월 노동 미사일을 처음으로 시험 발사했지만 실패했고, 같은 해 11월에는 시험 발사를 계획했다가 취소했다.[20] 북한은 1991년 10월 중국에 노동 미사일 개발을 위한 지원을 요청했고, 중국은 북한의 요청을 받아들여 일정한 지원을 제공했다.[21] 이뿐 아니라 북한은 러시아 기술자들의 도움도 받았으며,[22] 1993년 5월 말에야 노동 미사일의 시험 발사에 성공할 수 있었다.[23]

한편 미국은 1994년 인공위성 사진 분석 등을 통해 북한이 노동 미사일을 1단으로, 스커드 계열 미사일을 2단으로 하는 새로운 미사일(한·미명: 대포동-1호)과 노동 미사일 엔진 4기를 묶어 1단으로 하고, 노동 미사일 엔진 1개를 2단에 탑재한 새로운 미사일(한·미명: 대포동-2호)을 개발하고 있다는 사실을 탐지했다. 북한은 1998년 8월 31일 장거리 로켓을 발사했는데, 나흘 뒤 북한은 장거리 로켓이 3단으로 이뤄져있으며, 1단이 발사장에서 253km 떨어진 동해에, 2단이 일본 열도를 넘어서는 1,646km 지점 공해에 떨어졌다고 밝혔다.[24] 그러나 미국 등이 추적한 결과에 따르

19_ 홍용표, 『북한의 미사일 개발전략』 17쪽; SIPRI, *SIPRI Yearbook 1993* (1993), p. 505.
20_ IISS, *North Korean Security Challenges: A Net Assessment* (London: IISS, 2011), p. 133.
21_ 장준익, 『북한 핵·미사일 전쟁』, 283쪽.
22_ 홍용표, 『북한의 미사일 개발전략』, 32쪽
23_ 정규수, 『ICBM 그리고 한반도: 북한과 한반도 주변 열강의 탄도탄』 (서울: 지성사, 2012), 89~90쪽; www.fas.org 참고(검색일: 2016년 8월 7일).
24_ 조선중앙통신사, 『조선중앙년감 1999』 (1999), 492쪽.

면, 1단은 발사장에서 180km 떨어진 동해에, 2단은 일본 상공을 지난 1,100km 거리의 태평양에 낙하했다고 한다.[25] 북한은 1999년 말 발행한 『조선대백과사전』에서 이 장거리 로켓의 명칭이 '백두산 1'호라고 밝혔지만, 미국을 비롯한 국제사회는 대포동-1호 지대지 탄도 미사일로 규정했다.[26]

북한은 2000년대 이후에도 ICBM급으로 평가되는 '대포동-2호'의 시험 발사를 진행하는 동시에 미사일의 사거리 연장 프로그램을 지속 추진하고 있다. 북한은 2006년 7월 5일 동해를 향해 스커드 계열 및 노동 미사일 6기와 함께 대포동-2호 미사일 1기를 발사했으나 성과를 거두지 못했다. 이에 1년여 앞선 2005년 4월, 북한이 기존에 보유하고 있던 단거리 지대지 탄도 미사일인 스커드-B 개량형 미사일보다 사거리가 짧은 단거리 지대지 탄도 미사일을 동해로 시험 발사한 것이 노출됐다. 이 미사일은 소련제 SS-21 미사일을 개량한 'KN-02'(한·미명) 지대지 탄도 미사일로, 고체 연료를 사용하며 사거리는 100~120km 정도로 평가된다. 북한은 KN-02 미사일의 시험 발사를 지속적으로 진행하는 가운데 2014년 6월 27일 '전술유도탄'의 시험 발사를 진행했다고 공식적으로 밝혔지만, 북한이 밝힌 '전술유도탄'이 KN-02인지 아니면 300mm 신형 방사포(한·미명 KN-09)인지는 불명확하다.

특히, 북한은 2014년 8월 15일 '전술로켓탄 시험발사'를 진행했는데,

25_ IISS, *North Korean Security Challenges*, p. 136.

26_ 미국이 탐지한 대포동-1호 미사일의 1단은 노동 미사일로 백두산 1호의 1단과 같지만, 2단은 연소 시간 등을 감안했을 때 미국이 추정했던 스커드 계열이 아닌 1980년 중·후반 북한이 소련에서 도입한 SA-5 지대공 미사일일 것으로 추정된다. 관련 내용은 Theodore Postol, "Joint Threat Assessment Appendix: A Technical Assessment of Iran's Ballistic Missile Program," EastWest Institute, *Iran's Nuclear and Missile Potential: A Joint Threat Assessment by U.S. and Russian Technical Experts* (New York: EastWest Institute, 2009), pp. 25~31.

북한 매체는 "시험발사를 통해 각이한 탄도에서 전술로케트의 조종성이 최신 군사 과학기술적 요구에 완전히 도달하였다는 것이 검증 확인되었다"고 설명했다.27 당시 북한이 시험발사한 전술로케트은 200~220km 정도를 비행한 것으로 관측됐는데, 한국 군 당국은 해당 '전술로켓'이 기존에 알고 있던 KN-02 및 300mm 방사포와는 전혀 다른 새로운 전술미사일인 것으로 평가하고 있다.28 이와 관련해 북한에서 무기개발을 전담해 연구하는 기관인 제2자연과학원의 김인용 로케트탄연구실 실장은 "보다 새로운 초정밀화된 최신 로케트탄 시험 발사가 연이어 단행될 것"이라고 주장하기도 했다.29

북한은 2007년 4월 25일 창군 75주년 열병식에서 한·미 당국이 '무수단'이라고 명명한 새로운 미사일(사거리 3,000~4,000km 추정)을 공개했다. 이후 북한은 2010년 10월 10일 노동당 창건 65주년 열병식에서 이동식 발사대에 실린 무수단 미사일을 다시 공개했으며, 한국 국방부는 북한이 무수단 미사일을 실전배치한 것으로 평가했다.30 이와 관련해 북한이 2016년 4~6월 6차례에 걸쳐 화성-10(한·미명: 무수단)의 시험 발사를 단행한 사실을 자세히 살펴볼 필요가 있다. 북한은 1~5차 시험 발사는 실패하고 마지막인 6번째 시험발사에서만 부분적인 성과를 거뒀다. 이로 인해 북한이 시험 발사도 제대로 하지 않았던 미사일을 실전에 배치한 것이 사실인지에 대한 의문이 제기되고 있다.31

27_ <노동신문>, 2014년 8월 15일자.
28_ <연합뉴스>, 2014년 8월 18일자.
29_ <노동신문>, 2014년 8월 16일자.
30_ 국방부, 『2010 국방백서』(2010), 28쪽.
31_ 경남대 극동문제연구소, "'무수단' 혹은 '화성10' 미사일 발사 관전 포인트," 『북핵·미사일리포트』, No. 2016-01, (2016. 6. 24).

북한이 무수단 미사일 시험 발사에 앞선 2016년 3월 24일 '대출력 고체 로켓 발동기 지상분출 및 계단분리시험'을 실시했다는 점에서 무수단 미사일이 기존에 알려졌던 것처럼 액체 연료를 사용하는 것이 아니라 고체 연료를 사용하는 미사일일 수 있다는 분석도 나오고 있다. 당시 김정은 위원장은 현장을 방문해 '지도'하며 "로케트 공업발전에서 새로운 도약대를 마련하였다"고 치하했다. 이어 "이제는 적대세력들을 무자비하게 조겨댈 수 있는 탄도 로케트들의 위력을 더욱 높일 수 있게 되었다"고 자평했다.[32]

한편 북한은 2012년 4월 15일 김일성 100회 생일 기념 열병식에서 새로운 미사일을 공개했는데, 한·미 당국은 이 미사일을 'KN-08'이라고 명명하며 ICBM급으로 평가했다. 미국 북미항공우주방위사령부(NORAD: North American Aerospace Defence Command)의 찰스 자코비 사령관은 2014년 3월 미국 의회 상원 군사위원회 청문회에 제출한 보고서에서 'KN-08이 이동식 ICBM'이라고 규정했다.[33] 이보다 1년전에는 제임스 클래퍼(James R. Clapper, Jr.) 미국 국가정보국(DNI: Director of National Intelligence) 국장이 "이동식 ICBM으로 보이는 KN--08의 초기개발 단계에 진입했다"고 언급하기도 했다.[34] 북한은 2015년 10월 10일 열병식에서 KN-08의 탄두부 및 상단이 변형된 새로운 미사일(한·미명: KN-14)을 공개하기도 했다.

북한은 김정은 시대 들어 지대지 탄도 미사일뿐 아니라 SLBM 개발에도 진력하고 있다. 북한이 SLBM을 개발하고 있다는 정황이 처음으로

32_ <조선중앙통신>, 2016년 3월 24일자.
33_ <YTN>, 2014년 3월 14일자.
34_ <문화일보>, 2013년 3월 13일자.

알려진 시기는 2015년 1월로, 북한은 이 때 함경남도 신포조선소 인근 해안가에서 SLBM의 수직발사관 사출시험을 실시한 것으로 전해졌다. 북한은 동년 5월 8일 신포 인근 해역 신포급잠수함에서 '북극성'이라고 표기된 SLBM의 수중 사출시험에 성공했으며, 이후 관련 시험을 지속했다. 특히, 북한은 2016년 8월 24일 김정은 위원장이 참관한 가운데 신포 앞바다에서 SLBM을 시험발사했으며, 발사된 SLBM이 500여km를 비행한 것으로 관측돼 상당한 성과를 거둔 것으로 평가된다. 이처럼 북한은 핵무기 운반수단의 다양화를 꾀하고 있다.

Ⅲ. 북한의 핵·미사일 고도화 현황 평가

1. 북한의 핵·미사일 개발 현황

북한의 핵능력을 보다 객관적으로 추정하기 위해서 우리가 할 수 있는 일은 북한이 보유한 무기급 핵분열 물질, 즉 플루토늄 및 고농축 우라늄(HEU: Highly Enrichment Uranium)의 양을 추정하는 것이다. 먼저, 북한이 보유한 플루토늄의 양은 얼마나 되는지를 추정해보고자 한다. 북한은 Pu-239 생성을 위한 원자로와 핵연료 제조 시설, 사용후 핵연료 재처리 시설을 모두 보유하고 있다. 북한에 매장된 우라늄이 약 2,600만t으로 추정되며, 북한은 이를 5MWe 흑연감속로에 적합한 핵연료로 만들기 위한 일련의 시설(우라늄광산, 우라늄 정련시설, 핵연료 성형가공 및 제조시설)들을 구비하고 있다. 북한은 5MWe 흑연감속로에서 핵연료를 연소시켜 Pu-239를 생성하고, '방사화학실험실'로 불리는 재처리 시설에서 사용후 핵연료에 포함된 Pu-239를 추출해 핵무기용 핵물질로 사용하고 있다.

북한이 지금까지 추출했을 것으로 추정되는 Pu-239 총량은 최대 50여 kg, 현재 보유하고 있을 것으로 추정되는 Pu-239 양은 25~40kg 정도로 추정된다. 북한은 1986년 10월부터 5MWe 흑연감속로의 본격 가동을 시작해 1994년 5월 핵연료 인출 및 재처리했으며, 이를 통해 Pu-239 10~14kg 정도 추출했을 것으로 추정된다. 2003년과 2005년 사용후 핵연료 재처리 완료로 30여kg의 Pu-239를 추가로 확보했을 것으로 보인다. 또한 북한은 2013년 4월 5MWe 흑연감속로와 재처리 시설을 비롯한 핵 시설의 재가동을 선언했는데, 저출력으로 5MWe 흑연감속로를 재가동함으로써 수 kg의 Pu-239를 추가로 확보했을 가능성이 있다.[35] 북한이 보유한 5MWe(전기출력) 흑연감속로를 열출력 8~12MW에서 운전할 경우, 1년 동안 최소한 약 5~6kg 정도의 플루토늄 생산이 가능하기 때문이다.[36]

북한이 지금까지 보유했을 것으로 추정되는 Pu-239의 총량(최대 50여 kg)에서 5차례의 핵실험에서 사용했을 것으로 예상되는 Pu-239의 양 (10~25kg)을 빼면, 북한은 현재 25~40kg 정도의 Pu-239를 보유하고 있을 것으로 추정된다. 이는 북한이 5차례의 핵실험에서 모두 Pu-239를 2~5kg 정도 사용한 내폭형 핵장치를 활용했을 가정에 따른 계산이다.[37] 이와 관련해 북한은 2008년 6월 손실분을 포함해 총 38.5kg의 플루토늄을 생산했으며, 이 가운데 31kg을 무기급으로 만들었고, 26kg을 핵폭탄

35_ <연합뉴스>, 2016년 1월 14일자.

36_ 이은철, 『북한 핵과 경수로 지원』(서울: 서울대학교출판부, 1996), 27쪽.

37_ 핵무기 1개에 평균 2~5kg의 Pu-239가 사용되는 것으로 알려졌다. <연합뉴스>, 2016년 1월 14일자.

제조에 사용했다고 6자회담 참가국들에게 신고한 바 있다. 이 신고에서 북한은 2006년 10월의 1차 핵실험에서 플루토늄 2kg을 사용했고, 2kg은 폐품이며, 무기급으로 변환하지 않은 플루토늄 7.5kg을 보관하고 있다고 밝힌 것으로 알려졌다.38 이상의 내용을 근거로 계산하면, 북한은 보유하고 있는 Pu-239를 활용해 최소 5개, 최대 20개의 핵폭발장치를 제조했을 가능성이 있다.

다음으로 북한이 보유한 고농축 우라늄의 양을 추론해보자. 북한은 2000년대 중반부터 원심분리기 부품 등을 해외에서 도입해 우라늄 농축 프로그램을 추진한 것으로 알려졌다. 파키스탄 핵개발 전문가인 압둘 카데르 칸(A. Q. Khan) 박사는 2004년 2월 "우라늄 농축을 위한 재료와 디자인 및 기술이 북한으로 이전됐다"고 밝힌 바 있다.39 북한은 2010년 11월 방북한 지그프리드 해커(Siegfried S. Hecker) 박사를 영변에 있는 우라늄 농축 시설로 데려가 1,000여개의 원심분리기를 보여주면서 '약 2,000개의 원심분리기를 보유하고 있다'고 밝혔다고 한다.40

북한은 2013년 핵 관련 시설 재가동을 선언하며 여기에는 우라늄 농축 공장도 포함된다고 밝힌 바 있다. 당시 북한의 원자력총국 대변인은 경제 건설 및 핵무력 건설 병진노선에 따라 '자립적 핵동력공업'을 발전시키는 조치의 하나로 이같이 결정했다고 설명했다.41 북한은 2000년대 말부터 영변에 건설하기 시작한 20~30MWe(추정치)급 실험용 경수로(ELWR: Experimental Light Water Reactor)에 사용할 핵연료 제조를 우라늄

38_ <연합뉴스>, 2008년 7월 4일자.
39_ New York Times, April 13, 2004.
40_ <조선일보>, 2012년 12월 22일자.
41_ <조선중앙통신>, 2013년 4월 2일자.

농축을 위한 대외적 명분으로 삼고 있다.

북한이 보유하고 있다고 주장하는 2,000개의 원심분리기를 가동하면 적어도 매년 20kt의 폭발력을 지니는 핵무기 1~2개를 제조할 수 있는 고농축 우라늄(90% U-235) 40kg의 생산이 가능하다는 평가가 중론이다.[42] 미국의 과학국제안보연구소(ISIS)는 2016년 6월 공개한 보고서에서 북한이 지난 18개월 동안 2.6~6.5개의 핵무기를 제조할 수 있는 고농축 우라늄을 생산했을 것으로 추정하기도 했다.[43] 북한이 우라늄 농축 시설을 가동하고 있다는 여러 징후가 관측되고 있지만,[44] 북한이 핵무기 제조용 고농축 우라늄을 어느 정도 보유하고 있는지는 명확하지 않다.[45]

북한은 다양한 사거리의 지대지 탄도 미사일을 개발·보유·실전배치하고 있다. 그렇지만 분석·평가 기관마다 구체적 내용에 관한 의견은 조금씩 다르다. 지금까지 공신력 있는 연구기관 및 한국 국방부 등이 발표한 내용과 전문가들의 분석 등을 종합해 북한의 지대지 미사일 전력을 평가하고, 제원 등을 추정하면 <표 1-1>과 같다.

42_ Chaim Braun, Siegfried Hecker, Chris Lawrence, and Panos Papadiamantis, *North Korean Nuclear Facilities After the Agreed Framework* (CISC, Stanford University, May 27, 2016), p. 26.

43_ David Albright and Serena Kelleher-Vergantini, "Plutonium, Tritium, and Highly Enriched Uranium Production at the Yongbyon Nuclear Site: North Korea's nuclear arsenal may be growing significantly," *Institute for Science and International Security Imagery Brief* (June 14, 2016).

44_ <연합뉴스>, 2016년 1월 14일자.

45_ 자세한 내용은 Chaim Braun, Siegfried Hecker, Chris Lawrence, and Panos Papadiamantis, *North Korean Nuclear Facilities After the Agreed Framework* (CISC, Stanford University, May 27, 2016), pp. 42~45 참조.

〈표 1-1〉 북한의 지대지 탄도 미사일 제원 및 전력

명칭	구분	연료	최대 사거리(km) /TEL	상태 / 기수	단수	주요제원			
						탄두 중량 (kg)	길이 (m)	직경 (m)	원형 공산 오차 (CEP)
KN-02	탄도	고체	~120/○	배치 및 개량중/ -	1	482	6.4	0.65	0.95km
스커드-B 개량형	탄도	액체	~300/○	배치 / 200~600+	1	1,000	11.25	0.88	0.5~ 1km
스커드-C 개량형	탄도	액체	~500/○		1	700	12.25	0.88	1~ 2.4km
노동	탄도	액체	1,000~1,300/○	배치 / 90~200+	2	500~ 1,000	15.5	1.3	3km+
대포동-1호	탄도	액체	2,000~/×	시험 발사 / -	2~3	500~ 1,000	27(?)	1.3 (?)	?
화성-10' 무수단	탄도	?	~4,000/○	배치 및 개량중 / 8 +(50 ?)**	1~2	650	9.65	1.5	1.3km
대포동-2호	탄도	액체	4,000~/×	시험 발사 / -	2~3	650~ 1,000	32.22	1.3	?
KN-08/14	탄도	?	5,500~(?)/○	배치(?) 및 개발중/ -	2~3				

출처: 권용수, "북한 탄도미사일의 기술 분석 및 평가," 『국방연구』, 56-1 (2013); 함택영·서재정, "북한의 군사력 및 남북한 군사력 균형," 경남대 북한대학원 엮음, 『북한군사문제의 재조명』 (서울: 한울, 2006), 392쪽; 김민석·박균열, "북한 핵 문제와 해결전망," 『북한연구학회보』, 8-1 (2004), 145쪽; 전성훈, 『한반도의 미사일 문제: 현황과 대응방안』 (서울: 민족통일연구원, 1997), 8쪽; IISS, *The Military Balance 2016* (2016), p. 265; <연합뉴스>; www.nti.org; www.globalsecurity.com; www.missilethreat.com; 전문가 인터뷰 등 참고해 작성.

* 북한은 2016년 6월 22일 '화성-10' 미사일 시험발사에 성공했다고 주장하며 한·미 당국이 '무수단'으로 지칭하던 미사일의 명칭이 '화성-10'이라는 사실을 처음으로 공개

** 북한 매체는 2010년 10월 10일 열병식에서 무수단 미사일로 추정되는 8기의 미사일이 1기씩 이동식 발사대에 실려 이동하는 모습을 방영한 바 있으며, 2016년 4월 일부 한국 언론은 북한이 무수단 미사일을 최대 50기 정도 실전배치하고 있는 것으로 알려졌다고 보도.[46]

46_ <세계일보(인터넷)>, 2016년 4월 14일자.

여기에서 한국 등에 대한 북한의 미사일 위협을 보다 객관적으로 평가하기 위해 반드시 감안해야 할 요인들에 관해 살펴볼 필요가 있다. 일반적으로 지대지 미사일에 따른 위협을 분석·평가할 때 기준으로 삼는 중요 요소는 탄도 및 순항의 구분과 사거리이다. 그렇지만 정확성과 신속성, 생존성이라는 요소도 지대지 미사일의 전략·전술적 효과를 분석·평가하는 데 반드시 고려해야 한다. 왜냐하면 정확성은 원형공산오차(CEP: Circular Error Probable(Probability))를 통해 확인할 수 있는데, CEP가 km 단위를 갖는다는 것은 중요한 군사 목표물인 지휘본부나 군용 비행장 등의 타격과 같은 전술적 효과를 기대하기는 어렵다는 것을 의미하기 때문이다. 또한 신속성은 지대지 탄도 미사일의 발사 전 생존성과 직결되는 사안으로, 액체 연료를 사용할 경우 연료 주입 등에 시간이 필요하기 때문에 고체 연료를 사용할 때보다 신속성이 뒤쳐져 생존성이 떨어지는 것으로 평가된다. 즉, 북한은 한국과 일본, 미국의 일부 영토를 타격하는 데 보유하고 있는 다양한 사거리의 지대지 탄도 미사일들을 사용할 수는 있지만, 정확성과 신속성, 생존성이라는 측면에서 북한의 미사일들이 뛰어나다고 평가하기는 어려운 것이 사실이다.

북한의 핵·미사일 능력을 종합적으로 평가하기 위해 북한이 보유하고 있는 지대지 탄도 미사일에 핵탄두를 탑재했을 가능성에 관한 검토가 필요하다. 북한은 2016년 3월 9일 핵폭발장치로 추정되는 은색 구형 물체를 ICBM급으로 평가되는 KN-14 지대지 탄도 미사일과 함께 사진으로 공개하며 장거리 지대지 탄도 미사일에 핵탄두를 탑재했을 가능성을 암시한 바 있다. 북한은 같은 날 함께 공개한 KN-08 지대지 탄도 미사일의 탄두 설계도 사진을 통해서는, 제대로 확인하기 어렵게 처리하기는 했지만, 핵폭발장치 추정 물체를 KN-08에 탑재한 것처럼 노출하기도 했다.

그러나 북한이 보유하고 있는 지대지 탄도 미사일에 장착할 정도로 핵폭발 장치를 소형화·경량화 했는지에 관해서는 신중하게 접근할 필요가 있다. 해커 박사는 2013년 '미국과 소련은 수 차례 반복된 실험을 통해 미사일에 탑재할 수 있는 핵탄두 개발에 성공했다'며 '북한이 3차례의 핵실험만으로 미사일에 장착할 수 있는 수준의 소형화된 핵탄두를 만드는 것은 거의 불가능하다'는 견해를 밝힌 바 있다.[47] 북한이 핵탄두를 탑재할 수 있는 유력한 운반 수단으로 평가되는 노동 미사일의 경우 탑재 중량은 700kg 정도로 알려져 있지만, 실제로 핵탄두에 할애되는 중량은 500kg 정도에 불과할 것으로 분석된다. 이러한 점들을 종합적으로 감안하면, 북한이 5차례의 핵실험 등을 통해 핵무기를 소형화·경량화하기 위해 연구·개발에 매진하고 있을 것이라는 추정이 보다 타당할 것으로 판단된다.

그렇지만 일부에서는 북한이 5차례나 핵실험을 단행한 상황 등을 감안하면 북한의 '핵미사일' 보유 및 실전배치가 임박했을 수 있다는 주장을 제기하고 있다. 북한은 2016년 9월 9일 단행한 제5차 핵실험이 "핵탄두의 위력 판정을 위한 핵폭발 시험"이었다고 주장했다. 이에 앞서 김정은 위원장은 동년 3월 15일 '핵탄두 폭발시험'과 '핵탄두 장착이 가능한 탄도 로켓 시험 발사 단행'을 예고한 바 있다. 이러한 내용을 근거로 북한의 제5차 핵실험은 김정은 위원장이 언급했던 '핵탄두 폭발시험'에 해당하며, 김정은 위원장의 2016년 3월 예고 가운데 남아있는 것은 핵탄두 장착이 가능한 탄도 미사일 시험 발사인데, 이는 곧 북한의 '핵미사일' 보유를 의미한다고 전문가들은 분석하고 있다.[48]

47_ 지그프리드 해커, "북한의 핵능력과 향후 6자회담을 위한 제언," 동아시아연구원, 『Smart Q&A』, 2013-08 (2013.9.30).

2. 북한의 핵·미사일 연계 전략 본격화

북한이 핵과 미사일 개발을 연계한다는 의도를 가장 잘 드러낸 행위는 5차례의 핵실험을 전후한 장거리 지대지 미사일 또는 로켓 발사라고 할 수 있다. 북한은 1차 핵실험 3개월 전에 대포동-2호 미사일을, 2차 핵실험 50일 전에 '은하-2호' 장거리 로켓을, 3차 핵실험 2개월 전에 '은하-3호' 장거리 로켓을, 4차 핵실험 32일 뒤에 '광명성' 장거리 로켓을, 5차 핵실험 16일 전에는 '북극성' SLBM을 각각 발사했다(<표 1-2> 참고).

〈표 1-2〉 북한의 1~5차 핵실험 전후 장거리 미사일·로켓 발사 일지

일자	내용
2006. 7. 5	대포동-2호(1기) 등 단·중거리 미사일 7기 발사
2006. 10. 9	제1차 핵실험
2009. 4. 5	은하-2호 장거리 로켓 발사
2009. 5. 25	제2차 핵실험
2012. 12. 12	은하-3호(2호기) 장거리 로켓 재발사
2013. 2. 12	제3차 핵실험
2016. 1. 6	제4차 핵실험
2016. 2. 7	광명성 로켓 발사
2016. 8. 24	북극성(SLBM) 시험 발사
2016. 9. 9	제5차 핵실험

장거리 로켓이 지대지 탄도 미사일과 기술적으로 밀접하다는 점에서 핵실험을 전후한 장거리 미사일 및 로켓 발사는 북한이 핵탄두의 미사일

48_ <통일뉴스>, 2016년 9월 9일자.

탑재에 접근하고 있다는 전망의 근거가 된다. 그러나 지금까지 북한은 장거리 로켓 발사가 우주개발을 위한 것이기 때문에 지대지 탄도 미사일 개발과는 관련이 없다고 주장하며 장거리 로켓 발사에 대한 유엔 안보리 등 국제사회의 대북제재에 강하게 반발해왔다. 그렇지만 최근 북한의 우주개발 관련 기관 관계자가 지대지 탄도 미사일 개발과 관련된 내용을 외국 매체에 공개해 주목된다. 북한 국가우주개발국의 현광일 과학개발 부장은 2016년 7월 28일 중국 봉황위성TV와의 인터뷰에서 "우리(북한) 군대는 이미 장거리 탄도 미사일에서 핵심기술인 발동기 동시 시동 기술과 계단(단계) 분리 기술, 유도 조종 기술, 대기 진입 기술을 비롯해서 중심적이고도 핵심적인 기술을 다 완성해서 모든 준비를 갖추고 있다"고 말했다.[49] 이는 북한이 장거리 로켓 관련 기술을 지대지 탄도 미사일 개발에도 활용하고 있다는 점을 사실상 시인한 것일 수 있다. 이로 인해 핵실험을 전후한 장거리 로켓 발사가 핵탄두의 지대지 탄도 미사일 탑재를 염두한 것일 수 있다는 분석이 설득력을 얻고 있다.

특히, 장거리 로켓 발사와 핵실험 병행은 북한이 핵탄두 제조를 위한 핵물질 확보, 핵장치의 설계·제조 및 고폭실험, 핵실험, 핵장치의 소형화·경량화 단계를 넘어 미사일에 핵탄두를 장착할 수 있는 능력을 증대하는 과정이라고 이해할 수 있다.[50] 즉, 북한이 핵개발을 외교적 자산으로 활용하는 차원을 넘어 핵무장이라는 군사적 자산을 확보하기 위한 길에 들어섰을 가능성이 점차 커지고 있는 것이다.[51] 심지어는 북한의 핵무기 전력

49_ <연합뉴스>, 2016년 8월 4일자.
50_ 전성훈, "북한의 핵능력과 핵위협 분석," 『국가전략』, 11-1 (2005), 8쪽 등 참고.
51_ 김용순, "북한의 대미 외교행태 분석: 선군 리더십의 위기관리" (연세대 대학원 정치학 박사학위논문, 2007); 한용섭, "북한의 대량살상무기 정책," 경남대 북한대학원 엮음, 『북한 군사문제의 재조명』 (파주: 한울, 2006); 신성호, "북한의 핵과 장거리 미사일 개

화와 실전배치는 시간문제라며 핵탄두를 장착한 미사일을 머지 않아 작전 배치할 수 있을 것이라는 주장도 제기된다. 김정은 체제가 제시한 경제·핵무력 건설 병진노선은 북한이 더 이상 평화적 이용(원자력과 로켓)과 군사적 이용(핵무기와 미사일)을 구분하지 않겠다는 뜻을 분명히 한 것이라는 분석도 가능하다. 즉, 김정은 체제가 핵개발 강화를 원자력 및 우주개발과 함께 다루고 있다는 점에서 북한은 앞으로 군수와 민수 두 분야에서 사용 가능한 소위 '이중용도(Dual-use)' 기술을 적극 활용해 경제·군사적 역량을 동시에 확충하려 할 수 있다.[52]

북한의 핵·미사일 연계 본격화는 북한의 주장에서도 쉽게 발견할 수 있다. 북한은 2009년 4월 13일 유엔 안보리가 은하-2호 장거리 로켓 발사를 규탄하는 의장성명을 발표하자 같은 달 29일 추가 핵실험과 ICBM 시험 발사를 시사하는 외무성 대변인 성명으로 대응했다. 2013년 2월 3차 핵실험을 단행한 직후 북한은 "소형화, 경량화 된 원자탄을 사용" 했다고 주장했다. 이는 미사일에 탑재할 수 있는 핵탄두를 개발하는 것이 핵실험을 실시한 목적 가운데 하나라는 사실을 숨기지 않은 것으로 해석할 수 있다. 특히, 북한은 2012년 4월 「헌법」을 개정하면서 핵보유국을 자처했다. 또한 북한은 김정은 시대의 비전으로 내놓은 이른바 '경제·핵무력 건설 병진노선'에서 핵무력 건설과 관련한 과제로 위성 개발 및 추가 발사, 핵보유 법적 고착 및 핵무력의 강화, 핵무력의 전투준비태세 완비 및 핵무력 중심의 전략·전술 완성 등을 제시했다.[53]

발이 동북아 정세에 미치는 영향," 『전략연구』, 48 (2010) 등 참고.

52_ 전성훈, "김정은 정권의 경제·핵무력 병진노선과 '4·1 핵보유 법령'," 통일연구원, 『온라인 시리즈 13-11』 (2013), 2~3쪽.

53_ <연합뉴스>, 2012년 5월 30일자; <노동신문>, 2013년 4월 1일자.

김정은 위원장이 2012년 3월 초 전략로켓사령부를 시찰한 뒤 북한 매체가 이 부대와 전략로켓군을 지속적으로 선전하는 것에서도 북한의 핵·미사일 연계 전략을 어렵지 않게 유추할 수 있다. 북한은 김일성 주석 100회 생일을 기념해 진행한 열병식에 전략로켓군 장병을 처음으로 선보였다. 2013년 3월 26일에는 최고사령부 성명을 통해 전략로켓 부대 등에 '1호 전투근무태세'를 명령하기도 했다. 특히, 북한 매체는 사흘 뒤 김정은 위원장이 전략미사일 부대의 긴급 작전회의를 주재한 모습을 촬영한 사진을 내보내면서 북한에서 발사된 미사일이 미국 본토와 하와이 등을 타격하는 계획을 담은 '전략군 미본토 타격계획'이라는 상황도를 공개했다.[54] 이에 앞서 북한은 2013년 1월 24일 내놓은 국방위 성명을 통해 그동안의 주장과는 달리 장거리 로켓 발사와 핵실험이 미국을 겨냥한다는 점을 분명히 했다.[55]

특히, 북한은 2016년 들어 핵과 미사일의 연계를 더욱 본격화하고 있다. 김정은 위원장은 2016년 3월 9일(보도시점) 핵무기 연구부문 과학자와 기술자들을 만나 '핵무기 병기화 사업'을 '지도'하며 "각이한 전술 및 전략 탄도 로케트(미사일) 전투부들에 핵무기를 장착하기 위한 병기화 연구 정형(상황)에 대한 해설을 들으며 우리(북한)식의 혼합장약구조로 설계 제작된 위력이 세고 소형화된 핵탄두의 구조 작용 원리를 료해(파악)했다"고 한다. 김 위원장은 "핵탄을 경량화하여 탄도 로케트에 맞게 표준화, 규격화를 실현했는데 이것이 진짜 핵억제력"이며 "핵무기 기술을 끊임없이 발전시켜 보다 위력하고 정밀화, 소형화된 핵무기들과 그

54_ <연합뉴스>, 2012년 4월 15일자; 2013년 3월 26일자, 29일자.
55_ 전현준, "북한의 제3차 핵실험 위협 배경 분석," 통일연구원, 『온라인 시리즈 13-05』(2013), 2쪽; <노동신문>, 2013년 1월 25일자.

운반수단들을 더 많이 만들 뿐 아니라 이미 실전 배비(배치)한 핵타격 수단들도 갱신하기 위한 대책"을 수립해야 한다고 했다.[56]

이어 동년 동월 11일에는 전략군의 탄도 미사일 발사 훈련을 참관하면서 "핵무기 운영체계를 더욱 완성하고 주체적인 탄도 로케트전을 벌려나가는데 나서는 과업"을 제시하면서 "핵탄 적용수단들의 다종화를 힘있게 내밀어 지상과 공중, 해상, 수중의 임의의 공간에서도 적들에게 핵공격을 가할 수 있게 준비하여야 한다"고 말했다. 또한 "앞으로 핵무기 연구부문과 로케트 연구부문의 협동을 더욱 강화하여 핵타격 능력을 부단히 발전시켜나가야 한다"며 "새로 연구제작한 핵탄두의 위력판정을 위한 핵폭발시험과 핵공격 능력을 높이기 위한 필요한 시험들을 계속"해야 한다고 강조했다.[57]

또한 김정은 위원장은 동년 동월 15일 탄도 미사일 탄두 부문의 가장 앞 부문(탄도 로케트 전투부 첨두)의 대기권 재도입 환경 모의시험을 '지도'하면서 "로케트 공업과 핵기술 분야에서 커다란 전진을 이룩하고 있는데 대하여 높이 평가"했다. 그는 이 자리에서 "핵공격 능력의 믿음성을 보다 높이기 위해 빠른 시일 안에 핵탄두 폭발시험과 핵탄두 장착이 가능한 탄도 로케트 시험 발사를 단행할 것"이라며 철저한 사전 준비를 당부했다.[58] 이로부터 3개월 뒤인 2016년 6월 23일에는 중거리 지대지 탄도 미사일(IRBM: Intermediate Range Ballistic Missile)인 '화성-10'(한·미명 무수단)의 시험 발사를 참관하며 "이번 시험발사는 우리 국가(북한)의 핵공격 능력을 더한층 강화하는 중요한 계기로 되었다"고 평가했다.

56_ <조선중앙통신>, 2016년 3월 9일자.
57_ <조선중앙통신>, 2016년 3월 11일자.
58_ <조선중앙통신>, 2016년 3월 15일자.

또한 김 위원장은 "선제 핵공격 능력을 지속적으로 확대 강화해 나가며 다양한 전략 공격무기들을 계속 연구 개발하여야 한다"고 지시했다.[59]

김정은 위원장은 2016년 8월 말 SLBM 시험발사를 참관한 자리에서 "탄도탄의 시험 결과를 통하여 우리가 핵공격 능력을 완벽하게 보유한 군사대국의 전열에 당당히 들어섰다는 것이 현실로 증명됐다"며 "예고없이 부닥칠 수 있는 미제와의 전면 전쟁, 핵전쟁에 대비하여 국방과학 부문에서 핵무기 병기화 사업에 더욱 박차를 가해나가는 동시에 그 운반 수단 개발에 총력을 집중하라"고 지시했다.[60] 이와 함께 5차 핵실험 직후 발표한 성명에서 북한은 "인민군 전략군 화성포병부대들이 장비한 전략 탄도 로켓들에 장착할 수 있게 표준화, 규격화된 핵탄두의 구조와 동작 특성, 성능과 위력을 최종적으로 검토 확인했다"며 "핵탄두가 표준화, 규격화됨으로써 우리는 여러 가지 분열 물질에 대한 생산과 이용기술을 확고히 틀어쥐고 소형화, 경량화, 다종화된 보다 타격력이 높은 각종 핵탄두들을 마음먹은 대로 필요한 만큼 생산할 수 있게 됐다"고 주장했다.[61]

이러한 발언이 다양한 목적을 감안한 선전 차원의 언동일 가능성을 배제할 수 없지만, 분명한 것은 북한이 핵탄두를 미사일에 탑재하기 위해 지속적으로 노력하고 있다는 사실이다. 북한은 사실상 김일성·김정일 공동 통치시기인 1980년대에 핵무기 개발의 기초가 되는 5MWe 흑연감속로를 건설하고, 지대지 탄도 미사일 개발을 본격화했다. 이러한 정황을 감안하면, 북한이 핵과 미사일 개발 초기부터 '핵미사일' 개발·보유를 목표로 삼았을 것이라는 추론이 가능하지만 이를 뒷받침할만한 명시적

59_ <조선중앙통신>, 2016년 6월 23일자.
60_   <연합뉴스>, 2016년 8월 25일자.
61_ <조선중앙통신>, 2016년 9월 9일자.

근거는 거의 없다. 김정일 시대까지 국제사회에서 북한의 핵·미사일 개발이 이슈로 대두될 때마다 북한은 핵과 미사일 개발이 별개의 사안인 것처럼 대응했기 때문이다.

그렇지만 김정은 시대 들어 핵과 미사일 개발의 연계를 노골적으로 드러내고 있다. 특히, 김정은 위원장은 핵·미사일 관련 공개활동에서 '핵무력 관리체계'에 만전을 기하라고 당부하고 각종 지시를 하달함으로써 자신을 중심으로 핵·미사일 개발이 이뤄지고 있다는 메시지를 대내외에 표출하고 있다. 또한 '전략 핵무력에 대한 유일적 영군체계 확립'을 강조하는 등 김 위원장은 자신의 리더십을 강화하는 동시에 권력 공고화를 시도하고 있다. 북한이 핵탄두를 탑재한 미사일을 보유하게 될 시점이 점점 다가오고 있는 것이다.

Ⅳ. 나가며: 북한의 핵·미사일 개발 전망

북한은 앞으로 핵폭발장치 추가 제조에 필요한 무기급 플루토늄 및 고농축 우라늄 생산을 증가시켜나갈 것으로 예상된다. 김정은 정권은 2013년 3월 제시한 '경제건설 및 핵무력 건설 병진노선'에 대한 후속조치 가운데 하나로 영변에 있는 5MWe 흑연감속로를 재가동하고 원자력 발전에 필요한 우라늄 농축을 진행하겠다고 밝힌 뒤 관련된 활동을 지속하고 있다.[62] 영변 5MWe 원자로가 최대 열출력(30MWth)으로 운전될 경우, 매년 약 11kg 정도의 플루토늄을 생산할 수 있으며, 북한이 과거처럼 열출력 8~12MW에서 운전할 경우 매년 약 5~6kg의 플루토늄 생산

62_ <조선중앙통신>, 2013년 4월 2일자.

이 가능할 것으로 추정된다. 또한 북한이 보유했다고 주장하는 2,000개의 원심분리기를 가동하면 매년 20kt 폭발력을 지니는 핵무기 1~2개를 재조할 수 있는 고농축 우라늄 생산이 가능한 상황이다.

이러한 상황을 종합적으로 감안하면, 당분간 북한은 최소한 100개 이상의 핵탄두 보유를 목표로 삼고 핵능력을 강화할 가능성이 있다. 이러한 예상이 가능한 근거는 다른 핵무기국들의 사례에서 어렵지 않게 찾을 수 있다. 「핵무기비확산조약(NPT)」의 구속을 받지 않는 사실상(de-facto) 핵보유국인 인도와 파키스탄, 이스라엘은 외부 위협에 대한 억지력 차원에서 100개 내외의 핵탄두를 각각 보유하고 있다. 미국과 러시아를 제외한 NPT 상 공식 핵보유국(NWS: Nuclear Weapon State)인 영국·프랑스·중국은 핵무기 현대화를 추진하며 200~300개 정도의 핵탄두 보유고를 지속적으로 유지하고 있다.63 이들 국가들은 군사적으로 대립하는 국가의 핵전력 및 자국이 처한 안보 상황에 맞게 이른바 '제2격(second strike)' 능력을 확보하기 위한 차원에서 상기와 같은 핵전력을 보유·운용하는 것이다. 이러한 맥락에서 북한도 체제 유지 및 안보를 위해 제2격 능력을 보유하려고 할 것이며, 이를 위해 인도·파키스탄·이스라엘이 보유한 수준의 핵전력 보유를 최소한의 목표로 삼고 있을 가능성이 있는 것이다.

이 과정에서 북한은 핵무기의 생존성을 극대화하고자 할 것이며, 실질적 핵 억제력 보유를 통해 미국의 선제 핵공격 방지를 모색할 것이다. 북한은 핵무기의 생존성을 극대화하기 위해 핵 투발수단의 다양화를 추구하는 동시에 상대방의 미사일 및 폭격 등을 방어하고 이에 대응하기

63_ SIPRI, *SIPRI Yearbook 2014* (2014).

위해 방공능력 및 공군력을 강화하려 할 것이다. 독자적인 공군력 강화에 기술적·재정적·외교적 한계가 있는 북한은 김정은 시대 들어 방공능력 강화를 위한 노력을 지속하고 있다. 북한 매체는 2013년 3월 21일 김정은 위원장이 "초정밀무인타격기의 대상물 타격과 자행고사로케트 사격훈련을 지도했다"고 전했다. 이 훈련에서 '자행고사로켓'은 토마호크 순항 미사일로 가장한 대상을 요격하는 데 이용됐다.[64] 또한 북한은 2016년 4월 2일 김정은 위원장이 지켜보는 가운데 "새형의 반항공 요격유도무기 체계의 전투성능 판정을 위한 시험사격"을 진행했다.[65] 이는 북한이 개발하고 있는 KN-06 '신형 대공 요격 미사일'의 시험 비행인 것으로 보인다.

핵무기의 생존성 강화를 위해 북한은 지대지 탄도 미사일뿐 아니라 폭격기, 잠수함 등에 핵무기를 장착·배치할 수 있으며, 핵배낭 및 핵지뢰 등 소형 핵무기 개발을 추진할 수 있다. 또한 레이더 및 정찰기 등의 감시를 피하기 위해 지하에 핵미사일 발사를 위한 사일로(silo)를 구축할 수도 있다. 단기적으로는 북한이 추가 핵실험 단행, 핵탄두 장착 투발수단의 공개 및 시험 등과 같은 방법으로 핵능력 및 사용 의지를 과시할 가능성을 배제할 수 없다.

이와 함께 앞으로 북한은 인공위성 발사를 명분으로 내세우며 지대지 탄도 미사일의 사거리 연장을 지속하며 미국에 대한 위협을 증대할 것으로 전망된다. 북한이 개발 중인 KN-08/14 지대지 탄도 미사일은 사거리 5,500km 이상의 ICBM급으로 평가된다. 아직까지는 북한이 KN-08을 발사해 워싱턴과 뉴욕 등 미국 동부 지방의 주요 도시를 타격하기가 쉽지

64_ <노동신문>, 2013년 3월 21일자.
65_ <조선중앙통신>, 2016년 4월 2일자.

않다는 점에서 지대지 탄도 미사일의 사거리 연장 프로그램을 지속 추진할 것이다. 이를 위해 북한은 우주발사체(SLV: Space Launch Vehicle) 개발을 내세우며 장거리 로켓을 지속적으로 개발·발사할 가능성이 있다. 탄두의 재돌입 등 일부 기술을 제외하고는 기술적 측면에서 SLV와 장거리 지대지 탄도 미사일이 큰 차이가 없기 때문이다.66

동시에 북한은 이미 보유한 단·중·장거리 지대지 탄도 미사일의 정확성 및 신속성을 향상하려 할 것이다. 북한이 보유한 지대지 탄도 미사일 가운데 KN-02를 제외한 나머지 미사일은 액체 연료를 사용해 신속한 발사 및 생존성에 제약이 따르는 것이 사실이다. 액체 연료 미사일은 대부분 연료를 수송·주입하는 별도의 장비가 필요해 상대방에게 노출되기 쉽고 기민한 이동이 어려우며, 안정성 등을 이유로 발사 직전 연료를 미사일에 주입해야 하기 때문에 신속성이 떨어진다.67 따라서 북한이 2016년 3월 시험에 성공한 '대출력 고체 로켓 발동기'를 이용한 지대지 탄도 미사일 개발에 진력할 것으로 예상된다.

또한 북한의 지대지 미사일은 매우 부정확해 전략적·전술적 목적을 달성하기 어렵다는 점에서 이의 향상을 위한 시험 발사를 지속할 수 있다. 북한의 스커드-B 개량형 미사일의 원형공산오차(CEP: Circular Error Probable(Probability))는 0.5~1㎞, 스커드-C 개량형의 CEP는 1~2.4㎞, 노동 미사일의 CEP는 3㎞ 이상으로 매우 부정확한 것으로 알려졌다.68 북한이 개발·개량 중인 KN-02 지대지 탄도 미사일의 시험 발사 성공률이 절반 수준으로 알려졌다는 점에서 안정성 향상을 위한 개량도

66_ 주명건, "항공우주산업 발전전략," 세종대 항공산업연구소, 『항공산업연구』, 77 (2013) 참고.
67_ 국방부, 『대량살상무기에 대한 이해』 (2007) 참고.
68_ 권용수, "북한 탄도미사일의 기술 분석 및 평가,"『국방연구』, 56-1 (2013) 참고.

지속적으로 이뤄질 것이다. 이와 함께 북한은 개발·보유한 지대지 탄도 미사일의 생존성 향상을 위해 이동식 발사대(TEL: Transporter Erector Launcher) 활용 능력을 증대할 것이다.

북한은 새로운 미사일 및 미사일 발사 체계를 개발하기 위한 노력도 지속할 것으로 예상된다. 북한은 2000년대 중반부터 사거리 100~120km 의 KN-02 초단거리 지대지 탄도 미사일을 실전에 배치한 상태에서 지속 적인 시험발사를 통해 개량 중인 것으로 전해졌다. 북한은 2010년 10월 열병식에서 KN-06 지대공 미사일을 처음 공개했는데, 이 미사일은 KN-02를 개량해 개발한 것으로 알려졌다.[69] 북한은 탄도 미사일 발사가 가능한 잠수함 및 함정 등 해군 전력을 강화함으로써 대외적인 미사일 위협을 강화하려할 것이다. 북한은 2015년 5월 9일 김정은 위원장이 지켜 보는 가운데 "전략잠수함 탄도탄 수중시험발사를 진행"했다고 밝혔으 며,[70] 관련된 활동을 지속하고 있다.

이처럼 북한의 핵·미사일 개발 문제가 한반도뿐 아니라 동북아와 국제 사회의 주요 현안으로 대두된 지 30년 가까이 되어 가지만, 아직까지 제대로 된 해결책을 찾지 못하는 가운데 북한은 핵·미사일 고도화를 통해 '핵미사일' 보유에 점차 가까워지고 있다. 2016년 북한이 단행한 4·5차 핵실험과 장거리 로켓 발사 등에 대응해 한국과 미국을 비롯한 국제사회 는 지금까지와는 차원이 다른 대북제재를 추진하고 있지만, 주한미군 사드 배치 등으로 국제적인 대북제재 공조에 균열이 생기는 조짐도 나타 나고 있다. 많은 전문가들이 지적하듯이, 제재만으로는 북한의 핵·미사

69_ 국방부, 『2010 국방백서』, 26쪽.
70_ <노동신문>, 2015년 5월 10일자.

일 문제를 근본적으로 해결할 수 없다.[71] 이것이 한국을 비롯한 주변국이 머리를 맞대고 북한의 핵·미사일 문제를 근본적으로 해결하기 위한 방법을 찾아야 하는 이유이며, 이를 위해서는 기존의 통념을 깨는 새로운 전략이 모색되어야 한다.

---

[71]_ 구갑우, "대북제재의 정치적 목적은 무엇인가?," 경남대 극동문제연구소, 『IFES 현안 진단』, No. 42 (2016.3.17.).

참고문헌

경남대 극동문제연구소, "'무수단' 혹은 '화성10' 미사일 발사 관전 포인트," 『북핵·미사일리포트』, No. 2016-01, (2016. 6. 24).

구갑우, "대북제재의 정치적 목적은 무엇인가?," 경남대 극동문제연구소, 『IFES 현안진단』, No. 42 (2016.3.17.).

권용수, "북한 탄도미사일의 기술 분석 및 평가," 『국방연구』, 56-1 (2013).

김민석·박균열, "북한 핵 문제와 해결전망," 『북한연구학회보』, 8-1 (2004).

김용순, "북한의 대미 외교행태 분석: 선군 리더십의 위기관리" (연세대 대학원 정치학 박사학위논문, 2007).

신성호, "북한의 핵과 장거리 미사일 개발이 동북아 정세에 미치는 영향," 『전략연구』, 48 (2010).

장철운, "남북한의 지대지 미사일 경쟁 연구: 결정요인 및 전력을 중심으로" (북한대학원대 북한학 박사학위논문, 2014).

전성훈, "김정은 정권의 경제·핵무력 병진노선과 '4·1 핵보유 법령'," 통일연구원, 『온라인 시리즈 13-11』 (2013).

_____, "북한의 핵능력과 핵위협 분석," 『국가전략』, 11-1 (2005).

_____, 『한반도의 미사일 문제: 현황과 대응방안』 (서울: 민족통일연구원, 1997).

전현준, "북한의 제3차 핵실험 위협 배경 분석," 통일연구원, 『온라인 시리즈 13-05』 (2013).

주명건, "항공우주산업 발전전략," 세종대 항공산업연구소, 『항공산업연구』, 77 (2013).

지그프리드 해커, "북한의 핵능력과 향후 6자회담을 위한 제언," 동아시아연구원, 『Smart Q&A』, 2013-08 (2013.9.30.).

한용섭, "북한의 대량살상무기 정책," 경남대 북한대학원 엮음, 『북한 군사 문제의 재조명』 (파주: 한울, 2006).

함택영·서재정, "북한의 군사력 및 남북한 군사력 균형," 경남대 북한대학원 엮음, 『북한군사문제의 재조명』(서울: 한울, 2006).

함형필, "3차 핵실험 이후 북한 핵능력 평가: 사실상의 핵보유국인가?," 한국국방연구원, 『동북아안보정세분석』(2013.3.10.).

Albright, David and Serena Kelleher-Vergantini, "Plutonium, Tritium, and Highly Enriched Uranium Production at the Yongbyon Nuclear Site: North Korea's nuclear arsenal may be growing significantly," *Institute for Science and International Security Imagery Brief* (June 14, 2016).

Di, Hua, "One Superpower Worse that Two," *Asia-Pacific Defense Reporter* (September 1991).

Postol, Theodore, "Joint Threat Assessment Appendix: A Technical Assessment of Iran's Ballistic Missile Program," EastWest Institute, *Iran's Nuclear and Missile Potential: A Joint Threat Assessment by U.S. and Russian Technical Experts* (New York: EastWest Institute, 2009).

Wright, David and Timur Kadyshev, "The North Korean Missile Program: How Advanced Is It?," *Arms Control Today*, 24-3 (1994)

경남대 극동문제연구소 편, 『동아시아 질서 변화와 한반도 미래』(서울: 선인, 2015).

국방부, 『2010 국방백서』(2010).

_____, 『대량살상무기(WMD) 문답백과』(2004).

_____, 『대량살상무기에 대한 이해』(2007).

니시무라 시게요·고쿠분 료세이 지음, 이용빈 옮김, 『중국의 당과 국가:

정치체제의 궤적』(파주: 한울, 2012).

서보혁, 『탈냉전기 북미관계사』(서울: 선인, 2004).

신재인, 『북한 핵 프로그램의 전망과 한반도에서의 기술-경제 협력』(서울: 세종연구소, 1998).

외교통상부, 『한반도문제 주요현안 자료집』(1998).

이수혁, 『전환적 사건: 북핵 문제 정밀 분석』(서울: 중앙북스, 2008).

이은철, 『북한 핵과 경수로 지원』(서울: 서울대학교출판부, 1996).

이춘근, 『과학기술로 읽는 북한 핵』(서울: 생각의 나무, 2005).

임강택, 『북한의 군수산업 정책이 경제에 미치는 효과 분석』(서울: 통일연구원, 2000).

배정호·박영호·박재적·김동수·김장호, 『한반도 통일에 대한 동북아 4국의 인식』(서울: 통일연구원, 2013).

배정호·봉영식·한석희·유영철·박재적·최원기, 『동북아 4국의 대외전략 및 대북전략과 한국의 통일외교 전략』(서울: 통일연구원, 2014).

장준익, 『북한 핵·미사일 전쟁』(서울: 서문당, 1995).

정규수, 『ICBM 그리고 한반도: 북한과 한반도 주변 열강의 탄도탄』(서울: 지성사, 2012).

조선중앙통신사, 『조선중앙년감 1999』(1999).

한국원자력연구소, 『북한의 원자력 이용개발 현황 분석 및 전망 연구(Ⅰ)』(대전: 한국원자력연구소, 1993).

_____, 『북한 핵 문제와 경수로 사업(Ⅲ) - 통제분야 협력방안』(대전: 한국원자력연구소, 2002).

홍용표, 『북한의 미사일 개발전략』(서울: 통일연구원, 1999).

Braun, Chaim, Siegfried Hecker, Chris Lawrence, and Panos Papadiamantis, *North Korean Nuclear Facilities After the Agreed Framework* (CISC, Stanford University, May 27, 2016).

IISS, *The Military Balance 2016* (2016).

___, *North Korean Security Challenges: A Net Assessment* (London: IISS, 2011).

SIPRI, *SIPRI Yearbook 1993* (1993).

___, *SIPRI Yearbook 2014* (2014).

<노동신문>.

<문화일보>.

<세계일보(인터넷)>.

<연합뉴스>.

<조선일보>

<조선중앙통신>.

<YTN>.

New York Times.

www.fas.org.

www.globalsecurity.com.

www.missilethreat.com.

www.nti.org.

제2장

북한의 핵·미사일 전략 평가와 전망

조성렬
(국가안보전략연구원 책임연구위원)

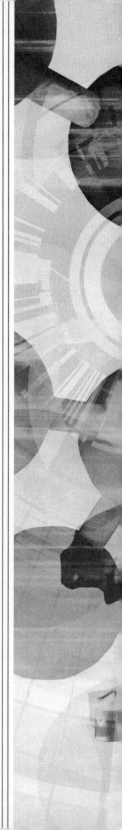

I. 현실화되는 북한의 핵·미사일 위협

북한은 NPT체제 하에서 비밀리에 핵프로그램을 가동한 뒤, 핵무기의 완성단계에 와서 NPT를 탈퇴하였다. 그 뒤 2005년 2월 북한외무성은 핵무기 보유를 선언하고 2006년 10월 첫 핵실험을 실시하였다. 당시까지만 해도 한반도 비핵화를 목표로 한 6자회담이 진행되는 등 외교적 해법의 가능성 때문에 북한의 핵전략이나 핵독트린은 큰 관심대상이 아니었다.[1]

하지만 새로 등장한 김정은 정권은 아예 전략적 국가노선으로 핵무기 보유를 내걸고 있다. 북한은 국제사회의 우려와 경고에도 불구하고 2016년 1월 6일 제4차 핵실험을 감행하였고, 유엔의 대북 제재 논의가 진행되고 있는 가운데 2월 7일 대륙간 탄도미사일(ICBM)로 전용가능한 장거리로켓을 쏘아올려 지구저궤도 진입을 성공시켰다. 북한은 제4차 핵실험에 대해 '소형화된 수소탄' 실험이라고 자화자찬하고 있고, 장거리 로켓의 발사에 대해서는 자원탐사용 인공위성을 쏘아올린 것이라고 주장하고 있다.

이것은 36년만에 열린 2016년 5월의 제7차 당대회에서도 재확인되고 있다. 북한의 김정은 위원장은 당대회의 개회사를 통해 "올해에 우리 군대와 인민은 반만년민족사에 특기할 대사변으로 되는 첫 수소탄시험과 지구관측위성 광명성 4호 발사의 대성공을 이룩"하였다고 자평하였다.[2]

---

*_ 이 글은 졸저, 『전략공간의 국제정치: 핵, 우주, 사이버 군비경쟁과 국가안보』 (서울: 서강대출판부, 근간) "제2부 북한의 핵·미사일 전략과 핵무기 사용 가능성"의 내용을 수정·보완한 것임.

1_ 북한의 핵전략과 핵전력 운용체계에 관한 국내의 이론적 연구가 없었던 것은 아니다. 북한의 핵전략에 관한 이론적 검토로는 다음을 볼 것. 임수호, "북한의 대미 실존적 억지·강제의 이론적 기반", 『전략연구』 통권 제40호, 2007 및 전경만 외, 『북한 핵과 DIME구상』. 북한의 핵지휘통제체계에 관한 연구로는 다음을 볼 것. 이근욱, "북한의 핵전력 지휘·통제 체계에 대한 예측: 이론 검토와 이에 따른 시론적 분석" 및 김보미, "핵확산 논쟁을 통해 본 북한의 핵전력 지휘통제체계", 북한연구학회 춘계학술회의 발표문, 2016년 4월 1일.

2_ 『조선중앙통신』 2016년 5월 6일.

이러한 북한의 도발(provocations)에 대해 국제사회의 대북 제재 논의가 본격화되고 북한을 겨냥한 한·미 연합군의 확장억제력 전개연습이 실시되자, 북한은 미 본토를 겨냥한 대륙간 탄도미사일 KN-08에 장착할 수 있는 소형화된 핵기폭장치와 탄도로켓의 대기권 재진입환경 모의실험 장면의 공개로 맞섰다. 그뿐만이 아니라 북한 정권 수립일인 9월 9일 제5차 핵실험을 추가로 실시하였다.

북한이 국제사회의 비난과 한층 강화된 경제제재, 대외관계 악화에도 불구하고 핵·미사일 능력의 완성에 매달리는 데는 무엇보다 '사실상' 핵보유국의 지위를 굳혀 군사강국을 완성한 뒤 이를 토대로 '김정은의 시대'를 열고자 하는 국가적 목표 때문으로 보인다. 북한당국은 국내적으로도 핵보유국의 지위 확보가 김정은의 권력기반을 안정화하는 데 도움이 된다고 판단하고 있는 것으로 보인다.3

이제 북한의 핵능력 강화와 '사실상' 핵보유국화 시도는 한반도를 넘어 동북아, 전 세계 차원에서 우려를 야기하고 있다. 북한 핵문제의 외교적 해결을 위한 6자회담은 2008년 12월 수석대표회담을 끝으로 8년째 열리지 못한 채 협상동력이 사실상 소진된 상태이다. 오늘날과 같이 북한의 핵·미사일 위협이 점차 현실화되고 있는 가운데, 어느 때보다도 북한의 핵전략이 가진 실체를 이론적으로 규명하고 우리의 대응방안을 마련하는 것이 시급하게 되었다. 그런 점에서 북한의 핵 독트린과 핵 지휘통제 체제 및 핵 전략에 대한 분석 필요성이 제기되고 있다.4

3_ 실제로 제4차 핵실험 이후 국제사회의 한층 강화된 대북 압박에도 불구하고 김정은 정권이 안정된 것으로 평가되고 있다. Brian Padden, "South Korea: Kim's Power 'Unshakable' After Nuclear Tests", Global Security.org, April 06, 2016. (검색일 2016년 4월 8일)

4_ 김보미, "핵확산 논쟁을 통해 본 북한의 핵전력 지휘통제체계", pp. 181~182.

II. 북한의 핵 독트린과 핵전략

1. 「핵보유국 지위 공고화 법」의 제정과 핵 독트린

핵무기를 사용하는 시점 및 사용 목적과 관련되는 내용을 담고 있는 것이 바로 핵독트린(Nuclear Doctrine)이다. 핵 독트린에는 △핵억제라 는 목표를 달성하기 위해 어떤 핵태세를 채택하는게 효과적인가(nuclear posture), △핵억제 태세에 따라 핵무기의 표적 설정을 어떻게 할 것인가 (nuclear targeting), △핵억제 태세에 따라 핵무기를 선제사용할 것인가 보복용으로만 사용할 것인가(nuclear no-first-use) 등을 담게 된다.

북한군은 1990년대 초부터 미사일지도국를 창설하여 핵·미사일 지휘 통제체계를 구축하기 위한 준비에 나섰다. 김정은 체제에 들어와서는 핵 독트린의 핵심내용을 법령의 형태로 발표하였다. 2013년 4월 1일 개최 된 최고인민회의 제12기 7차 회의에서는 두 달 전에 실시했던 제3차 핵실험의 의미를 강조하며 10개 조항으로 된 법령 「자위적 핵보유국의 지위를 더욱 공고히 할데 대하여」(이하 「핵보유국 지위 공고화 법」)를 채택하였다.

이 법령은 전문(前文)에서 이제 북한이 "당당한 핵보유국가"가 되었다 고 선언하고, "외세의 온갖 침략과 간섭을 받아온 수난의 력사에 영원히 종지부를 찍고 그 누구도 감히 건드릴수 없는 주체의 사회주의강국으로 세상에 빛을 뿌리게 되었다"고 주장하였다. 그리고 법령의 내용을 통해 북한이 수립한 '핵 독트린'의 핵심내용을 공개하고 있다.

「핵보유국 지위 공고화 법」은 핵보유국의 지위를 더욱 공고히 한다는 명목으로 △핵보유 불가피성, △핵억제 및 보복타격, △핵무력 강화, △ 핵선제불사용 및 명령권, △소극적 안전보장, △핵무기 안전성, △핵비확산,

△핵물질 안전성, △핵군축, △실무대책 등 10개조의 내용을 담고 있다.5 (이하 강조는 필자)

제1조: 공화국의 핵무기는 우리 공화국에 대한 미국의 지속적으로 가 중되는 적대시정책과 핵위협에 대처하여 부득이하게 갖추게 된 **정당한 방위수단**이다.

제2조: 공화국의 핵무력은 세계의 비핵화가 실현될 때까지 우리 공화 국에 대한 **침략과 공격을 억제, 격퇴**하고 침략의 본거지들에 대한 섬멸적인 **보복타격**을 가하는데 복무한다.

제3조: 공화국은 가중되는 적대세력의 침략과 공격위험의 엄중성에 대비하여 **핵억제력과 핵보복타격력을 질량적으로 강화**하기 위 한 실제적인 대책을 세운다.

제4조: 공화국의 핵무기는 적대적인 다른 **핵보유국**이 우리 공화국을 침략하거나 공격하는 경우 그를 **격퇴**하고 **보복타격**을 가하기 위하여 조선인민군 **최고사령관**의 **최종명령**에 의하여서만 사용 할수 있다.

제5조: 공화국은 적대적인 핵보유국과 야합하여 우리 공화국을 반대하 는 침략이나 공격행위에 가담하지 않는 한 **비핵국가들에 대하 여 핵무기를 사용하거나 핵무기로 위협하지 않는다.**

제6조: 공화국은 핵무기의 안전한 보관관리, 핵시험의 안전성보장과 관련한 규정들을 엄격히 준수한다.

5_ 최고인민회의, 「자위적 핵보유국의 지위를 더욱 공고히 할데 대한 법」, 『조선중앙통신』 2013년 4월 1일.

제7조: 공화국은 **핵무기나 그 기술, 무기급핵물질이 비법적으로 루출되지 않도록** 철저히 담보하기 위한 보관관리체계와 질서를 세운다.

제8조: 공화국은 적대적인 핵보유국들과의 적대관계가 해소되는데 따라 호상존중과 평등의 원칙에서 **핵전파방지와 핵물질의 안전한 관리를** 위한 국제적인 노력에 협조한다.

제9조: 공화국은 핵전쟁위험을 해소하고 궁극적으로 핵무기가 없는 세계를 건설하기 위하여 투쟁하며 핵군비경쟁을 반대하고 **핵군축을 위한 국제적인 노력을 적극 지지한다.**

제10조: 해당 기관들은 이 법령을 집행하기 위한 **실무적대책을** 철저히 세울 것이다.

김정은 위원장은 "우리가 보유한 핵무력이 상대해야 할 진짜 적은 핵전쟁 그 자체"라고 주장하면서 "핵타격능력이 크고 강할수록 침략과 핵전쟁을 억제하는 힘은 그만큼 더 크다"는 인식을 드러냈다. 그리하여 핵무력의 성능을 높이는 것이 핵전쟁을 막을 수 있는 길이라고 주장하고 있다. 이처럼 북한은 핵무기 개발과 보유의 목적이 핵억제력 확보에 있다며 정당화를 시도하고 있다.[6]

6_『로동신문』 2016년 3월 9일.

<표 2-1> 핵억제 태세에 따른 표적과 시점

구 분		최 소 억 제		최 대 억 제		제한억제
		실존억제		대량보복	상호확증 파괴	
목표		전면전 억제	전면전 억제	전면전 억제	전면전 억제	다양한 수준의 전쟁 억제, 전쟁 피해의 최소화 및 승리
개념	표적	가치,군사	가치	군사	가치, 군사	가치,군사
	시점	2차타격	2차타격	1차타격	2차타격	1차타격 2차타격
수단	파괴력	최소	20KT이상	대규모	대규모	대규모 (다양한 수준)
	수량	핵무기 존재	최소 2차 타격능력	대량 1차 타격능력	대량 2차 타격능력	대량 2차 타격능력
		최소한의 비대칭핵 능력	* 적의 능력에 따라 결정되기 때문에 모든 억제 전략을 구현하기 위해 필요한 수량(소량, 대량)은 상대적임			
	생존성	필요		불필요	필요	필요
	정확성	불필요		필요	필요	필요

<출전> 이재학, "억제이론으로 본 중국의 핵억제전략", 『신아세아』 18권 2호, 2011년 여름을
참고하여 필자가 일부 수정하여 작성.

2. 핵억제 태세와 핵 선제불사용 정책

북한이 발표한 「핵보유국 지위 공고화법」을 보면, 북한의 핵억제 태세
와 조건부 핵 선제불사용 정책을 읽어낼 수 있다. 이 법령의 제2~5조에
서는 핵무기 보유의 목적이 핵억제력과 핵보복타격력에 있음을 분명히
하면서, 핵억제와 핵선제사용에 관해 다음과 같이 규정하고 있다.

우선, 핵억제력과 관련해 「핵보유국 지위 공고화법」 제2조는 북한에

대한 침략과 공격을 억제하는 데 복무한다고 밝히고 있다. 그리고 이를 뒷받침하기 위해 동 법률 제4조에서는 "적대적인 다른 핵보유국이 우리 공화국을 침략하거나 공격하는 경우 그를 격퇴하고 보복타격"을 가할 때만 핵무기를 사용할 수 있다고 규정하면서도, 제5조에서는 "적대적인 핵보유국과 야합하여 우리 공화국을 반대하는 침략이나 공격행위에 가담"할 경우에는 비핵국가라고 할지라도 핵무기의 사용 또는 사용 위협을 가할 수 있음을 밝히고 있다.

핵선제사용과 관련해서는 「핵보유국 지위 공고화법」 제4조에서 "핵무기는 적대적인 다른 핵보유국이 우리 공화국을 침략하거나 공격하는 경우 그를 격퇴하고 보복타격을 가하기 위하여 조선인민군 최고사령관의 최종명령에 의하여서만 사용할수 있다"고 '핵 선제불사용 정책'을 명확하게 밝히고 있다.

북한당국은 제4차 핵실험 직후인 2016년 1월 6일 공화국 정부 성명을 통해 "우리 공화국은 책임있는 핵보유국으로서 침략적인 적대세력이 우리의 자주권을 침해하지 않는 한 이미 천명한대로 먼저 핵무기를 사용하지 않을것"이라고 강조하고 있다.[7] 또한 5월 6~7일 열린 제7차 당대회 중앙위원회 사업총화보고에서도 김정일 위원장이 "책임 있는 핵보유국으로서 침략적인 적대세력이 핵으로 우리의 자주권을 침해하지 않는 한⋯먼저 핵무기를 사용하지 않을 것"이라고 언급했다.[8]

하지만, 미국의 전문가들은 북한지도자들이 최우선적으로 정권의 생존이 위협받는다고 판단할 때 선제타격에 대한 강한 동기를 갖고 있는

7_ "조선민주주의인민공화국 정부 성명", 『조선중앙통신』 2016년 1월 6일.
8_ 『조선중앙통신』 2016년 5월 8일.

것으로 분석하고 있다.9 앞선 김 위원장의 제7차 당대회 발언도 일반적인 의미의 핵 선제불사용 정책을 표명한 것이라기보다는 "적대세력이 핵으로 우리의 자주권을 침해하지 않는 한"이라는 조건에 방점이 찍혀있는 것으로 보인다. 이처럼 북한당국은 핵 선제사용의 가능성을 완전히 배제하고 있는 것이 아니다.

실제로 2013년 3월 7일 유엔안보리가 대북제재 결의 2094호를 채택한 직후 북한 외무성은 대변인 성명을 통해 "미국이 핵전쟁의 도화선에 불을 지피려고 하는 이상 우리 혁명무력은 나라의 최고이익을 수호하기 위해 침략자들의 본거지들에 대한 핵선제타격 권리를 행사하게 될 것"이라며 '핵전쟁의 도화선에 불을 지피려고' 할 때 '핵 선제타격 권리'의 행사 차원에서 핵무기를 먼저 사용하겠고 밝힌 바 있다.10

조선노동당 기관지 『로동신문』 2016년 3월 9일자에서도 김 위원장의 말을 인용하며 "핵선제타격권은 결코 미국의 독점물이 아니라고 하시면서 미제가 우리의 자주권과 생존권을 핵으로 덮치려 들 때에는 주저없이 핵으로 먼저 냅다칠것이라고 선언하시였다"면서 '중대성명'과 달리 명시적으로 '핵 선제타격권'이라는 직접적인 표현을 써가며 핵 선제사용의 가능성을 밝히고 있다.11

특히 북한은 한미연합군의 '참수작전'에 대해 민감하게 반응하고 있다. 2016년 3월부터 시작되는 한·미 키리졸브·독수리연습에서 「작계 5015」에 따라 '참수작전계획'이 적용될 것으로 알려지자, 2월 23일 북한군 최고

9_ Van Jackson, "Nukes They Can Use? The Danger of North Korea Going Tactical", 38 North: Informed Analysis of North Korea, March 15, 2016.

10_ 『조선중앙통신』, 2013년 3월 7일.

11_ 『로동신문』 2016년 3월 9일.

사령부는 '중대성명'을 통해 "우리 혁명무력이 보유하고 있는 강위력한 모든 전략 및 전술타격수단들은 이른바 '참수작전'과 '족집게식타격'에 투입되는 적들의 특수작전무력과 작전장비들이 사소한 움직임이라도 보이는 경우 그를 사전에 철저히 제압하기 위한 선제적인 정의의 작전수행에 진입할 것"이라고 밝히고 있다.

「공화국 정부, 정당, 단체 특별성명」(3월 16일)에서도 "공화국 국법에는 나라의 최고존엄이 위협당하는 경우 그에 직접 또는 간접적으로 가담한 나라들과 대상들은 핵타격수단들을 포함한 모든 타격수단들을 총동원하여 선제소멸하게 규제되여있다"며 「핵보유국 지위 공고화법」을 근거로 '최고존엄에 대한 위협'이 가해질 경우에는 핵선제사용의 가능성이 열려있음을 노골적으로 밝히고 있다.12

이와 같이 모순되는 북한당국의 태도는 공식적으로는 핵 선제불사용의 독트린을 견지하고는 있지만, 조건을 내걸어 핵무기의 사용요건을 매우 낮게 잡고 있는 데 따른 것이다. 「핵보유국 지위 공고화법」에서 핵무기의 사용요건으로 핵무기보유국의 핵무기 공격이나 공격위협뿐만이 아니라, 핵무기국가나 이들과 결탁한 비핵무기국가에 의한 재래식 침략이나 공격행위도 포함시킨 점은 이를 뒷받침하는 것이다.

3. 핵무기 타격의 표적

핵무기의 타격대상이 되는 핵표적의 결정(nuclear targeting)은 북한의 핵억제 태세와 밀접한 관계 속에서 이루어진다. 북한이 핵무기의 공격목표로 삼기 위한 **핵표적**은 크게 국내와 해외(일본, 미국)으로 나눠볼 수

12_ "공화국 정부,정당,단체 특별성명", 『조선중앙통신』 2016년 3월 16일.

있고, 국내의 표적은 가치표적(counter-value)과 군사표적(counter-force), 경우에 따라 정치표적(counter-leadership)도 포함될 수 있다. 북한의 핵무기 표적 정책은 한미동맹의 존속 상황에서 북한의 군사전략이 미군의 증원을 억제하면서 한국군과의 전쟁에서 승리하는 데 두고 있다.

그렇다면 북한이 핵무기를 선제타격(제1격)으로, 또는 보복타격(제2격)으로 사용할 경우, 핵표적은 어디가 될 것인가? 북한당국이 핵무기로 공격하게 될 핵표적을 처음 언급한 것은 3차 핵실험 직후 유엔안보리의 대북 제재결의 2094호가 채택되기 직전인 2013년 3월 6일로, 북한군 최고사령부는 "미제가 핵무기를 휘두르면 우리는 지난 날과 달리 다종화된 우리 식의 정밀 핵타격 수단으로 서울만이 아니라 워싱턴을 불바다로 만들 것"이라며 서울과 워싱턴을 언급했다.[13]

2014년 7월 27일 전승절 61돌 전군 결의대회에서 황병서 총정치국장은 "악의 총본산인 백악관과 펜타곤을 향하여, 태평양상에 널려있는 미제의 군사기지들과 미국의 대도시들을 향하여 핵탄두 로켓들을 발사하게 될 것"이라며 미군기지와 미국 본토에 대해 직접적으로 핵공격할 수 있다고 위협했다.[14]

제4차 핵실험 이후에도 유엔안보리가 제재 움직임을 보이자, 2016년 2월 23일 북한군은 「최고사령부 중대성명」을 통해 핵무기의 표적과 관련하여 제1차 타격대상으로 "청와대와 반동 통치기관들", 2차 타격대상으로 "아시아태평양지역 미제 침략군의 대조선침략기지들과 미국본토"라고 밝혔다.[15] 2016년 3월 7일에 발표된 국방위원회 성명은 '선제공격적인

13_ 『로동신문』, 2013년 3월 7일.
14_ 『조선중앙통신』, 2014년 7월 27일.
15_ "조선인민군 최고사령부 중대성명- 우리 운명의 눈부신 태양을 감히 가리워보려는 자

군사적 대응방식'을 취하겠다고 선포하면서, "정의의 핵선제타격전은 우리의 최고사령부가 중대성명에서 지적한 순차대로 실행되게 되어 있다"고 밝혀 앞에서 소개한 북한군 최고사령부 성명의 표적을 재차 확인하고 있다.

북한은 3월 10일에 단행한 전략군 서부전선타격부대의 스커드 미사일 발사훈련 뒤 "해외침략무력이 투입되는 적 지역의 항구들을 타격하는 것으로 가상"한다고 밝힌 데 이어, 7월 19일 스커드 및 노동 미사일의 시험발사 뒤에는 "미제의 남조선 작전지대 안의 항구, 비행장들을 선제타격"하는 것을 목표로 훈련이 진행됐다고 보도했다.16

핵 표적이 구체적으로 어딘지 북한이 적시하고 있지는 않으나, 우리 국방부는 공격대상이 될 수 있는 전시 핵심항구로 부산항, 울산항, 포항항, 광양항의 4곳을 들고 있다.17 『로동신문』이 7월 20일 공개한 '전략군 화력타격계획' 도면을 분석해 보면, 부산항과 울산항을 비롯해 김해공항, 대구공항 등 우리의 주요 항만과 미 공군기지가 배치된 공항을 핵 표적으로 삼은 것으로 보인다.18

하지만 현 단계에서 북한의 핵공격 표적이 어디인지 따지는 것은 큰 의미가 없다. 현재 북한의 핵탄두 소형화·경량화 및 중장거리 탄도미사일 성능향상에 따라 핵공격의 목표설정이 남한내부에 그칠 것인지, 아니면 해외 확장이 가능할 것인지를 결정짓게 될 것이기 때문이다.19 특히 북한이 개발중인 잠수함 발사 탄도미사일이 실전배치될 경우에는

들을 가차없이 징벌해버릴것이다.", 『로동신문』 2016년 2월 24일.

16_ 『조선중앙TV』 2016년 7월 20일 및 『조선중앙통신』 2016년 7월 20일.

17_ 대한민국 국방부, 『천안함 침몰 관련 국방부 입장』, 2010년 4월 1일.

18_ 『로동신문』 2016년 7월 20일.

19_ 전경만, , 임수호, 방태섭, 이한희, 『북한 핵과 DIME구상』, 삼성경제연구소, 2010년, p. 50.

핵·미사일의 표적이 동아시아 지역 내의 미군기지(일본 내 미군기지, 오키나와, 괌, 하와이)를 넘어 미 본토까지 포함될 가능성이 있다.[20]

Ⅲ. 북한의 핵 지휘통제체계와 전략군 창설

1. 북한의 핵 지휘통제체계

북한의 핵지휘통제는 어떻게 작동되고 있을까? 현재 북한의 핵지휘통제권이 최종적으로 국무위원장을 겸직하고 있는 김정은 최고사령관에게 있다는 것 외에는 명확하게 드러난 것이 없다. 「핵보유국 지위 공고화법」 제4조에서 핵무기 사용의 명령권자와 관련해 "핵무기는……조선인민군 최고사령관의 최종명령에 의하여서만 사용"된다고 분명히 밝히고 있다. 하지만 이 정도의 규정만으로는 부족하며, △북한 내부의 민군관계와 △북한을 둘러싼 안보환경, △핵무기 보유능력 등을 고려하여 북한의 핵지휘통제체계에 대해 평가해야 할 것이다.

북한은 당 국가라는 특성상 당에 의한 군 통제라는 사회주의 방식의 문민통제를 유지하고 있다. 하지만 김정일 정권 때조차 '고난의 행군' 등 체제위기를 맞게 되자 선군정치를 표방하며 군심(軍心)을 달래려던 것이나, 3대 세습을 통해 집권한 김정은 정권이 권력기반 구축을 위해 잇단 군간부들의 처형과 숙청, 당간부들에 의한 군 통제강화 등을 자행

20_ 북한은 지난 2월 23일 최고사령부 중대성명을 통해 1차 타격 대상이 '청와대'라고 협박한 데 이어 3월 23일에는 조국평화통일위원회 중대보도를 통해 '청와대 초토화'를 언급했다. 3월 26일에는 전방군단 포병대의 최후통첩 형식으로 '청와대는 사정권 안에 있다'고 위협했고 지난 4월 5일에는 청와대를 미사일 등으로 공격하는 컴퓨터 그래픽을 만들어 공개한 바 있다. 『연합뉴스』 2016년 4월 27일.

하는 것으로 볼 때 북한의 민군관계는 여전히 불안정한 것으로 볼 수 있다.

김정은 정권의 초기부터 북한이 미국과 약속했던 「2.29합의」를 일방적으로 파기하고 대륙간탄도미사일(ICBM)로 전용가능한 로켓을 발사하면서 유엔의 대북 제재를 자초하였다. 게다가 오랫동안 혈맹관계에 있던 중국과의 관계도 되돌이킬 수 없을 정도로 악화되었다. 이처럼 김정은 정권에 들어와 북한을 둘러싼 안보환경은 김정일 시대보다 훨씬 좋지 않다.

외부 안보환경이 악화되는 가운데, 북한은 다종의 핵무기와 운반수단의 개발에 열을 올리고 있다. 2013년부터 영변 원자로를 재가동했을 뿐만 아니라, 우라늄농축을 위한 원심분리기도 본격 가동하면서 핵물질들을 생산해 내고 있다. 이제 북한은 노골적으로 핵분열물질의 생산을 계속하고 핵무기의 소형화·경량화 및 ICBM, SLBM 등 운반수단의 성능향상에 주력하고 있다. 따라서 시간의 경과에 따라 북한의 핵무기 보유능력은 지속적으로 증강될 것으로 보인다.

이처럼 북한은 불안정한 민군관계, 악화된 안보환경이라는 요인과는 반대로 핵무기 능력의 증강이라는 대조적인 상황에 처해 있다. 전자의 조건들은 독단형 체계의 가능성을 높이는 것인 반면, 후자의 조건은 위임형 체계의 가능성을 엿보게 하는 것이다.

먼저 북한의 핵지휘통제체계가 독단형 핵지휘통제체계일 경우를 생각해 보자. 유일영도체계를 표방하는 북한체제의 특성이나 제한된 핵능력을 고려할 때, 핵무기의 사용을 군부에 위임하기보다 노동당 위원장, 국무위원장과 최고사령관 등 당정군의 모든 권한을 장악한 김정은 1인이 행사할 가능성이 크다는 것이다.[21] 실제로 「핵보유국 지위 공고화법」에 따라 모든 권한이 최고사령관 1인의 손에 전적으로 맡겨져 있다.

일반적으로는 독단형 핵지휘통제체계가 위임형보다 핵전쟁의 위험을 낮춘다는 평가가 있다.22 하지만 북한의 경우는 최고정치지도자 김정은 위원장이 국제사회의 경험이 적고 독단적인 리더십 때문에 오히려 반대의 결과를 낳을 가능성도 있다. 한반도의 위기상황이 고조되어 전쟁 일촉즉발의 상황에 처해 있거나 전쟁발발 초기의 상황에서 북한 국가지도부가 독단형 핵통제권을 유지하면서 선제사용할 가능성도 생각해 볼 수 있다. 김정은의 개인적인 리더십 때문에 현재의 독단형 지휘통제체계가 핵무기의 사용을 쉽게 결정할 수 있는 것이다.

독단형 지휘통제체계의 치명적인 약점은 북한과 같은 정치구조 속에서 최고지도자만 제거하면 핵·미사일 전력이 작동불능의 상태로 빠질 수 있다는 점이다. 이 때문에 김정은 위원장은 한미연합군이 전개하는 참수작전(operation of decapitation)의 표적이 될 수 있다. 한미 연합군이 작성한 「작계 5015」에는 정밀타격무기를 이용해 적 수뇌부를 무력화시키는 '참수 작전계획'도 포함되어 있으며, 실제로 2016년에 실시한 한미 키리졸브·독수리 군사연습에서도 참수 작전계획에 따른 실행연습을 실시한 것으로 언론은 보도하고 있다.23

이러한 위험성을 북한당국도 잘 알고 있는 것 같다. 2016년 2월 23일 북한군 최고사령부는 '중대성명'을 통해 "우리의 최고수뇌부를 건드린다

21_ 북한은 제7차 당대회에서 당 규약을 개정하여, 기존의 비서실을 정무위원회로 명칭 변경하고 당 제1비서를 당 위원장으로 이름을 바꾸었다. 『조선중앙통신』 2016년 5월 9일.

22_ 전경만 외, 『북한 핵과 DIME구상』, p. 51.

23_ 우리 국방부 대변인은 한미 키리졸브·독수리 군사연습이 현 상황과 무관하게 진행되는 정례적이고 통상적인 방어훈련이라고 밝히고 있다. 『연합뉴스』 2016년 3월 7일.

면 그 즉시 가차없이 징벌해 버리겠다"고 위협했다. 따라서 북한으로서는 독단형 핵지휘통제체계가 참수작전에 취약점을 드러내고 있다는 점을 인식하고 있다. 그렇기 때문에 북한이 기본적으로 독단형 지휘통제체계를 구축하고 있으면서도 평시와 위기시/전시에 따라 위임형 체계로 전환할 수 있는 혼합형 핵지휘통제체계를 취하고 있을 가능성이 크다.

남북한이 군사적으로 대치하고 있는 정전체제 하에서 대응시간은 충분하지 않고, 문민관계도 매우 불안정하다. 따라서 <표 2-2>에서 보듯이 북한은 절충형 핵 지휘통제체계를 취하고 있을 가능성이 높은 것이다. 특히 북한이 충분한 핵무기 수량을 확보하고 핵탄두의 소형화로 중단거리 미사일에 탑재하는 등 전술적 운용여건이 마련되면 될수록 전술적으로 배치된 핵무기의 사용을 최고사령관에서 점차 군사령관으로 위임할 가능성이 높아진다.

그렇다면 평시에는 독단형 지휘체계를 유지하다가 어떤 조건에서 위임형으로 전환할 것인가? 북한당국은 전쟁의 발발이나 남북한 군사충돌의 발생 때는 물론, 확장억제 핵전력이 한미연합연습을 위해 한국 땅에 전개하는 상황을 위기로 보고, 핵 지휘통제체계를 평시에는 독단형에서 전시/위기시가 되면 위임형으로 전환할 가능성이 있다. 이와 같은 위기상황이 정리되어 평시가 됐다고 판단되면 원래의 독단형 지휘체계로 복원되는 것이다.

	평 시	위기시/ 전시
	독단형 통제체계 하급지휘관에게 최소한의 자율권	위임형 통제체계 하급지휘관에게 상대적인 높은 자율권
복종 수단	강력 통제수단으로 행정력, 물리력 광범위 사용 특별수단에 의해 문민통제가 유지	최소 문민통제 위해 사실상 행정통제에만 의존
무기 관리	핵무기 미조립 (1) 조립 때는 운반수단과 분리 보관 (2) 같은 곳 보관 때는 소지와 사용능력을 　　분리할 물리적 수단을 보유	상대적으로 높은 즉응성을 갖춘 보관 및 배치 권한을 작동자에게 부여
장점	우발적이거나 미승인된 사용의 예방	참수작전 위험성 저하
단점	분리보관에 따른 고장 가능성 참수작전 위험성	치명적 고장시 작동불능 우발적이거나 미승인된 사용 위험성

<출전> Feaver, "Command and Control in Emerging Nuclear Nations", *International Security,* Vol. 17, No. 2, Winter, 1992/93, p.171 및 김보미, "핵확산 논쟁을 통해 본 북한의 핵전력 지휘통제체계", pp. 188~194 등을 참고하여 작성

2. 북한의 핵지휘통제 군사조직: 전략군

북한도 다른 핵보유국처럼 핵 지휘통제체계를 원활하게 작동하기 위해 핵무기를 전담하는 군사조직을 보유하고 있다. 이 군사조직을 통해 적의 공격을 경계하고 조기에 포착하기 위한 경보장치와 핵무기 사용과 관련된 정치적인 결정을 하달·전파하는 통신망을 운용하고 있다. 이러한 군대가 바로 북한군 전략군이다.

북한군 전략군의 출발은 미사일지도국이다. 미사일지도국은 정규 보병군단을 12개에서 9개로 줄이고 포병군단도 2개에서 1개로 줄여 만든 군사조직이다.[24] 그 뒤 북한은 미사일지도국을 확대 개편하여 전략로켓사령부를 정식으로 출범시켰다. 2013년 말 전략로켓군을 전략군(Strategic

Forces)으로 개칭하면서 제4 군종의 독립사령부로 재출범시켰다.[25]

북한군 전략군은 중국과 러시아의 군을 모방해 단중장거리 미사일 전력을 통합하고, 발사체계를 자동화하며 지휘체계를 일원화한 부대이다.[26] 기존 전략로켓군 예하에는 스커드·노동·무수단 미사일 여단이 각각 편제되어 있었지만, 전략군을 창설하면서 이들 여단이 모두 통합됨으로써 김정은 위원장에게 미사일 전력에 대한 '최고 주도권'을 부여하였다.

핵전략 차원에서 각종 탄도미사일을 전략적으로 지휘·통제하는 임무를 띠고 있는 북한군 전략군의 지휘체계는 핵전력을 운용하는 러시아의 전략로켓군사령부와 유사한 구조를 가지고 있을 것으로 보인다. 북한군 전략군은 미사일의 공급, 운반발사대(TEL), 이동발사대(MEL), 그리고 화기통제장비를 포함한 모든 탄도미사일 부대를 지휘·통제하고 있다.

북한은 2010년 무렵 북한군 총참모부 전략로켓사령부 산하에 신형 중거리미사일(IRBM)부대를 창설한 것으로 확인됐다. 이 미사일부대는 유사시 한반도로 전개되는 미 전시 증원전력을 비롯해 일본 및 괌의 미군 기지까지도 사정권에 두고 있는 중거리 탄도미사일 무수단을 관리·운영하고 있는 것으로 파악되고 있다.

북한은 2016년 7월 19일 스커드-C(화성6호), 노동(화성7호) 등 미사일 3발을 시험발사하면서 '전략군 화성포병부대'라는 명칭을 사용하였다.[27] 현재까지 확인된 명칭들로부터 추정할 때, 서부전선타격부대 등

24_ 대한민국 국방부, 『2004 국방백서』, 2005, pp.36-37.
25_ 김정은 북한 당중앙군사위 부위원장이 2012년 3월 2일 인민군 전략로켓사령부를 방문하였다는 보도를 통해 북한 매체들이 '전략로켓군'이라는 명칭을 처음 공개하였으며, 2014년 3월 '전략군 대변인' 명의의 담화가 발표되면서 '전략군'으로의 개칭이 확인되었다. 『조선중앙통신』 2014년 3월 5일.
26_ 『연합뉴스』 2014년 2월 16일.
27_ 『로동신문』 2016년 7월 20일.

지역별 편제를 기본으로 하면서 스커드여단, 노동여단, 무수단여단, KN08여단 등을 통합하여 '화성포병부대'로 호칭하는 것으로 보인다.

<그림 2-1> 북한인민군 전략군의 지휘계통도

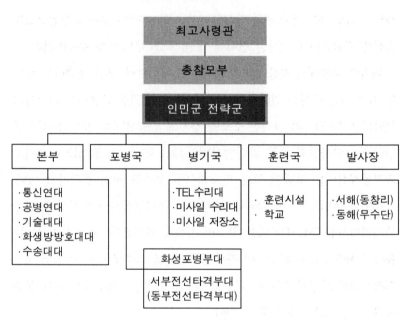

Ⅳ. 북한의 핵전략과 전환가능성

1. 북한의 핵전략 평가

일반적으로 최소억제 핵태세의 하위개념으로 분류되는 실존억제 핵태세는 핵선제타격으로 상대국가의 핵무기를 완전히 파괴할 수 없고 보복공격을 당해도 완전히 방어할 수 없어서 제2격에만 치중하여 전쟁을 억제하겠다는 개념이다.[28] 현 단계에서 북한은 아직까지 제2격 능력조차 제대로 갖춘 것으로 보이지는 않지만, 그럼에도 북한이 공공연하게 핵선 제공격에 나설 수 있다고 밝히고 있어 이러한 실존억제 전략과는 다른 방향으로 나아가고 있는 것이 분명하다.

2015년 10월 10일 당창건 70주년 열병식에서 김정은 위원장은 "우리의 혁명적 무장력이 미제가 원하는 그 어떤 형태의 전쟁에도 다 상대해줄 수 있다"면서 핵전쟁 능력에 대해 자신감을 나타냈다.[29] 하지만 현재 북한의 핵전력은 초강대국인 미국과 공포의 균형(Balance of Terror)이나 상호확증파괴(MAD)를 시도할 수준에는 크게 못 미치고 있다. 이 때문인지 2016년 2월 12일 김 위원장은 "미제를 괴수로 하는 제국주의세력에게 핵공격을 가할수 있게 핵무장력을 질량적으로 더욱 강화"할 것을 촉구해 아직 북한의 핵무장력이 미국을 선제타격하기에는 역부족이라는 점을 시인하고 있다.[30]

그렇다면 현재 북한이 채택하고 있는 핵전략은 어떻게 평가할 수 있을 것인가? 일반적으로 신흥핵국가들의 핵전략은 '촉발(Catalytic)', '확증보복(Assured Retaliation)', '비대칭확전(Asymmetric Escalation)' 등 세 가지 유형으로 나눈다.[31] 그 동안 북한은 북·미 대화가 교착상태에 빠질 때마다 핵실험 등을 통해 한반도정세를 긴장시킴으로써 제3국인 중국의 개입을 불러와 중재를 통해 문제를 해결하는 방식을 취해 왔다.

28_ 임수호, "북한의 대미 실존적 억지·강제의 이론적 기반", 『전략연구』 통권 제40호, 2007.
29_ 『조선중앙통신』 2015년 10월 10일.
30_ 『조선중앙통신』 2016년 2월 13일.
31_ Vipin Narang, "Nuclear Strategies of Emerging Nuclear Powers: North Korea and Iran," *The Washington Quaterly* 38, No.1, Winter 2015, pp. 75~79.; Viping Narang, "Posturing for Peace? Pakistan's Nuclear Postures and South Asian Stability," *International Security*, Vol. 34, No. 3, Winter 2009/10, pp. 40~45.

그런 점에서 지금까지 북한이 취해 왔던 핵전략은 '촉발'에 가까운 것으로 평가할 수 있다.[32]

미국 핵전문가들은 북한이 아직 충분한 핵·미사일 능력을 갖추지는 못했으나 북한의 핵전략은 확증보복(Assured Retailiation)[33] 또는 확증적 전략보복(Assured Strategic Retailiation)[34]을 지향하고 있는 것으로 평가하고 있다. 이것은 북한이 「핵보유국 지위 공고화 법」 제2조에서 밝힌 핵교리에서 "우리 공화국에 대한 침략과 공격을 억제, 격퇴하고 침략의 본거지들에 대한 섬멸적인 보복타격을 가하는데 복무한다"고 밝힌 것과도 일치한다.

앞에서 살펴보았듯이, 북한이 밝힌 핵독트린의 핵심은 핵억제와 확증보복의 두 가지이다. 하지만 북한은 충분한 핵무기를 보유하고 있지 않으며 운반수단의 능력도 제한적이기 때문에 노리고 있는 '억제의 신뢰성'을 확보하지 못하고 있다. 따라서 관건이 되는 것은 북한이 핵탄두 수와 운반수단 능력을 향상시킴에 따라 '억제의 신뢰성'을 강화하기 위해 '핵무기의 제한적 최초사용'을 옵션에 포함시킨 '확증보복 플러스 전략'을 채택할 것인지 여부이다.

확증보복능력을 확보하기 위해 필요로 하는 핵탄두의 수는 핵탄두 성능과 정밀도, 표적의 수에 따라 달라지기 때문에 정해진 원칙은 없다. 다만 2020년까지 북한은 최소한 6곳 이상의 핵시설을 운영하면서 20~

32_ Narang, "Nuclear Strategies of Emerging Nuclear Powers: North Korea and Iran", *The Washington Quaterly*, Vol. 38, No. 1, 2005, pp. 73~91.

33_ Joseph S. Bermudez Jr., *North Korea's Development of a Nuclear Weapons Strategy*, US-Korea Institute at SAIS, August 2015.; Van Jackson, "Nukes They Can Use? The Danger of North Korea Going Tactical", , *38 North: Informed Analysis of North Korea*, March 15, 2016.

34_ Shane Smith, *North Korea's Evolving Nuclear Strategy*, US-Korea Institute at SAIS, August 2015.

100개 사이의 핵탄두를 제조할 수 있을 것으로 보이기 때문에, 이를 근거로 북한의 핵전략을 가늠해 볼 수 있다.35 미국의 군사전문가 쉴링과 칸은 공동연구에서 2020년도 확증보복전략의 시나리오를 '북한의 핵탄두 보유량'에 따라 세 가지로 나누어 전망하고 있다.36

제1시나리오는 핵탄두 보유수가 20개로 소수이고 운반수단이 주로 동북아지역에 초점이 맞춰져 있으며 비상작전용으로 소수의 ICBM만이 실전배치된 경우이다. 이 때 북한의 확증보복 전략은 유지되며, 미국의 핵공격에 맞서거나 필요할 경우에 극적인 조건하에서만 한국에 대해 핵무기 사용을 위협할 것으로 전망된다. 이 때 일본을 공격목표로 할 가능성은 낮다.

제2시나리오는 핵탄두 보유수가 50개이고 주로 동북아시아에 초점을 맞추되 ICBM 위협이 커졌을 경우이다. 핵폭발 능력은 10~20kt에서 50kt까지 커지고 운반수단도 다양하게 확보될 것으로 보인다. 이로 인해 북한의 확증보복능력은 한층 생존성이 향상되고 강력해질 것으로 보인다. 그 결과 동북아지역 및 미국에 대한 북한의 위협이 훨씬 신뢰성을 갖게되며, 일본과 지역갈등이 생길 경우에 북한이 제한적으로 핵무기 사용을 검토할 가능성이 있다.

제3시나리오는 핵탄두 보유수가 100개이고 동북아 및 미국까지 공격목표로 할 수 있는 능력을 갖출 경우이다. 이 때 북한은 핵탄두의 소형화·경량화와 탄도미사일의 사거리 연장 등 보다 강력한 확증보복능력을 갖

35_ David Albright, *Future Directions in the DPRK's Nuclear Weapons Program: Three Scenarios for 2020*, US-Korea Institute at SAIS, February 2015. ; Joseph S. Bermudez Jr., "North Korea's SINPO-class Sub: New Evidence of Possible Vertical Missile Launch Tubes: Sinpo Shipyard Prepares for Significant Naval Construction Program", *38North*, January 08, 2015.

36_ John Schilling and Henry Kan, *The Future of North Korean Nuclear Delivery Systems*, US-Korea Institute at SAIS, August 2015, pp. 23~26.

게 된다. 북한지도부가 확증보복전략을 넘어서서 '선제사용'을 위협할
수도 있지만, 한·미의 공격이 임박했다고 판단하는 특정조건에 국한될
것이다. 마찬가지로 일본에 대한 핵 사용가능성도 매우 낮을 것이다. 다
만 북한이 보다 소형화된 전술핵무기를 생산하게 된다면 상당한 도전요
인이 될 수 있다.

〈그림 2-2〉 2020년 북한의 핵·미사일 능력 시나리오

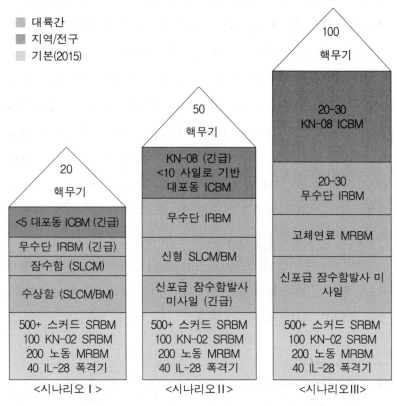

<출전> John Schilling and Henry Kan, The Future of North Korean Nuclear Delivery
        Systems, US-Korea Institute at SAIS, August 2015, p. 23.
* 수상함(SLCM/BM)에서 SL은 Sea-Launched의 약자이며, 잠수함(SLCM)에서 SL은
  Submarine-Launched의 약자이다.

2. '참수작전'에 대한 위기감과 '핵 선제타격' 위협

현재 북한은 자신의 확증보복전략이 '신뢰성'을 확보할 수 있도록 제대로된 성능을 갖춘 다수의 핵·미사일을 개발·확보하는 데 총력을 기울이고 있다. 북한이 확증보복전략을 채택하는 이유는 이 전략이 반격(제2격)을 위해 핵선제타격(제1격)을 자제하기 때문에 여러 핵억제 전략 가운데 가장 안정적이며, 핵선제타격에 의한 전면전이 실패할 경우 정권교체를 당할 게 분명하다는 점에서 북한이 전쟁을 먼저 시작해서 좋을 게 없고, 무엇보다 북한이 핵무기 생존성을 높이기 위한 조치들을 취하고 있다는 점 등이다.[37]

북한은 핵무기 생존성을 높이기 위한 조치로 과거 소련처럼 이동식발사체(TEL)의 개발에 주력하면서 재래식무기 및 핵무기에 적용하기 위해 다양한 형태로 미사일 발사시험을 하고 있다. 또한 충분한 수량의 핵무기를 확보하기 위해 핵프로그램을 계속 가동하고 있으며, 여러 곳에 분산된 미사일기지에 KN-08, IL-28 폭격기, 옛소련식 잠수함과 수상함을 보관하고 있고 최근에는 잠수함발사용 탄도미사일(SLBM)의 개발에 주력하고 있다.

하지만 최근 들어 북한이 확증보복전략과 상치되는 핵선제타격 발언을 잇달아 내놓고 있어, 기존의 전략을 뛰어넘는 새로운 핵전략을 추구하는 것이 아닌지 주목되고 있다. 특히 2016년 들어 핵·미사일 도발을 계속하는 가운데, 북한은 김정은 위원장의 직접지시와 정부·정당·단체 특별성명 등을 통해 핵선제타격(nuclear preemptive strike)의 가능성을 자

---

[37]_ Van Jackson, *Alliance Military Strategy in the Shadow of North Korea's Nuclear Future*, US-Korea Institute at SAIS, September 2015, pp. 9~10.

주 언급하고 있는 것이다.

2016년 3월 3일 김정은 위원장은 "지금 적들이 이른바 참수작전과 체제 붕괴와 같은 어리석기 짝이 없는 마지막 도박에 매달리고 있어 현 정세가 더 이상 수수방관할 수 없는 험악한 지경에 이르렀다"면서 "이제는 적들에 대한 우리의 군사적 대응방식을 선제공격적인 방식으로 모두 전환시킬 것"이라고 말했다. 뒤이어 "국가방위를 위해 실전 배비한 핵탄두들을 임의의 순간에 쏴 버릴 수 있게 항시적으로 준비해야 한다"고 지시하였다.38

북한은 기존부터 '보복섬멸'을 운운하며 '보복'에 방점을 둔 확증보복 핵전략을 내세워 왔지만, 최근 들어 '최고존엄이 위협당하는 경우'라는 모호한 전제조건을 내걸어 핵선제타격의 가능성을 열어놓고 있는 것이다. 이것이 과연 단순한 '엄포(empty threat)'인가, 아니면 북한의 핵전략이 새롭게 전환됐음을 의미하는 것인가? 북한이 핵선제타격을 언급한 것과 관련해 두 가지의 가능성에 대해 고려할 필요가 있다.

첫째는 북한이 핵선제타격 가능성을 되풀이해 언급하는 것이 아직 낮은 수준에 머물러 있는 자신의 핵무기 능력을 과장하여 다른 국가들로 하여금 북한의 핵무기 위협에 대한 신뢰 문제(threat credibility problem)를 해결함으로써 핵억제력의 효과를 높이려는 의도로도 볼 수 있다.

둘째는 북한의 핵전략이 '전략적 억제'에서 '전술적 선제타격'으로 바뀌었을 가능성이다. 핵선제타격을 주장하는 북한의 목소리가 빈번해질수록, 북한당국이 핵무기 보유를 핵억제력 이상으로 생각하고 북한군의 전쟁수행 방식의 일부로 생각하고 있는 게 아닌가 판단하게 만들기 때문이다.

38_『조선중앙통신』 2016년 3월 4일. 공화국 정부,정당,단체 특별성명은 공화국 국법에는 나라의 최고존엄이 위협당하는 경우 그에 직접 또는 간접적으로 가담한 나라들과 대상들은 핵타격수단들을 포함한 모든 타격수단들을 총동원하여 선제소멸하게 규제되여있다."고 주장하였다. 『조선중앙통신』 2016년 3월 16일.

두 가지 가능성 가운데 아직은 첫 번째의 가능성이 높은 것으로 판단되지만, 북한의 핵무기 사용위협이 가지는 '신뢰성'이 높아질수록 '사용가능성'도 높아진다는 사실을 가볍게 여겨서는 안된다. 현 단계에서 북한이 전술핵무기까지 개발했는지는 불확실하지만, 점차 그렇게 될 가능성이 높아지고 있기 때문이다.

최근 증가되고 있는 핵무기 사용을 위협하는 북한의 발언들이 중요한 것은 위협 발언 그 자체보다도 그러한 발언 속에서 핵무기가 억제를 넘어 사용가능한 무기라는 인식이 깔려있다는 점이다. 북한의 핵무기 위협 발언이나 전략적 억제의 강조는 상투적인 일이지만, 향후 북한이 전술핵무기를 개발·보유할 가능성까지 고려한다면 북한이 핵무기를 사용가능한 무기라고 인식하는 점은 한국과 미국에게 심각한 안보위협이 될 수 있는 문제이다.[39]

전술핵무기는 전술 목표를 달성하기 위한 소형의 핵무기로서, 전쟁에서 사용가능한 핵무기를 의미한다. 이러한 전술핵무기에는 핵탄두 외에도 핵지뢰, 핵기뢰, 핵배낭 등이 있으며, 야포, 단거리 미사일 등 운반수단이 뒷받침되어야 한다. 북한이 노동미사일에 장착할 정도의 핵탄두를 소형화했을 가능성에 대해선 국방부도 인정하고 있지만, 북한이 2013년과 2015년 두 차례의 군사퍼레이드에서 공개한 핵배낭의 보유에 대해서 러시아 전문가들도 회의적인 평가를 내리고 있다.[40]

현재 북한이 제2격 핵능력을 보유하기 위한 핵·미사일의 개발과정에 있는 것으로 보이기 때문에 아직까지는 북한의 핵전략을 '확증보복'으로

39_ Jackson, "Nukes They Can Use? The Danger of North Korea Going Tactical".

40_ "핵배낭은 북한의 허세인가", 『스푸트닉』 2016년 4월 9일. (http://sptnkne.ws/aZQw, 검색일 2016/5/20)

평가할 수 있다. 하지만 북한의 핵·미사일 개발을 중단시키지 못하고 방치해 실전에 사용할 수 있는 전술핵무기를 개발하게 된다면 상황이 달라진다. 북한의 핵전략이 핵개발 능력의 변화에 따른 대외전략 차원에서 이루어지고 있기 때문에 핵무기 고도화가 이루어질 경우 북한이 새로운 핵전략을 선택할 가능성을 배제할 수 없는 것이다.[41]

3. 향후 북한의 핵전략 전환 가능성

최근 북한당국이 취하고 있는 핵·미사일의 개발방향이나 김정은 위원장, 총참모부 등의 핵무기 사용위협 발언 등을 평가하면서 북한이 핵전략을 전환했는지를 둘러싸고 미국의 핵전문가들의 견해가 엇갈리고 있다.

미 MIT대학의 나랑(Narang)과 미 국방대학교의 스미스(Smith)는 북한의 핵전략이 기존의 '촉발'에서 한 발 나아가 '확증보복' 쪽으로 이행하고 있는 것으로 보고 있다. 중동지역에서 적대국가에 둘러싸인 이스라엘이 취한 핵전략의 전환과 유사하다고 본 것이다.

이에 비해 미국신안보센터의 밴 잭슨(Van Jackson)은 북한의 핵전략이 현재 '촉발'이라는 점에 동의하면서도, 북한이 미국의 공격에 대해 수동적으로 핵무기 반격에 나서는 '확증보복'이 아니라 전술핵무기의 보유에 따라 핵 선제사용의 가능성을 열어놓는 '비대칭확전'으로 나아갈 위험성이 있는 것으로 평가하고 있다.[42]

미국 전문가들은 향후 북한이 어떤 핵전략으로 나아갈 것인지에 대해서는 서로 다른 전망을 내리고 있지만, 초기 북한의 핵전략이 '촉발'이었다는

41_ Smith, "North Korea's Evolving Nuclear Strategy", pp. 7~20.
42_ Jackson, *Alliance Military Strategy in the Shadow of North Korea's Nuclear Future*, pp. 10~11.

점에 대해서는 이견이 없는 것으로 보인다. 북한이 비밀리에 핵무기 개발을 지속하면서 6자회담을 진행할 때 2005년 2월 10일 북한 외무성의 핵무기 보유선언이나 BDA문제로 「9.19공동성명」의 이행이 난항을 겪자 2006년 10월 9일에 핵실험을 실시한 것이 이에 해당된다고 본 것이다.

〈그림 2-3〉 지역 핵보유국들의 핵전략 선택 이론: 경험적 예측

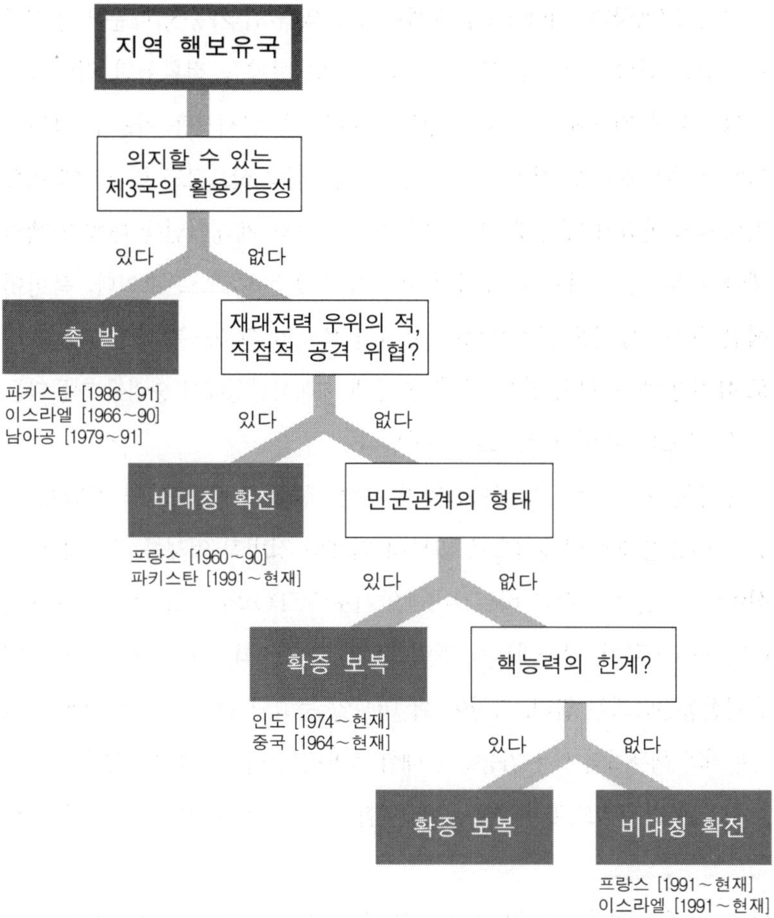

지역 핵보유국

의지할 수 있는 제3국의 활용가능성

있다 — 없다

촉 발

파키스탄 [1986~91]
이스라엘 [1966~90]
남아공 [1979~91]

재래전력 우위의 적, 직접적 공격 위협?

있다 — 없다

비대칭 확전

프랑스 [1960~90]
파키스탄 [1991~현재]

민군관계의 형태

있다 — 없다

확증 보복

인도 [1974~현재]
중국 [1964~현재]

핵능력의 한계?

있다 — 없다

확증 보복

비대칭 확전

프랑스 [1991~현재]
이스라엘 [1991~현재]

<출전> Vipin Narang, "Nuclear Strategies of Emerging Nuclear Powers: North Korea, p. 81.

북한이 핵무기를 개발하기 이전에는 북한문제의 자력 해결능력이 없었기 때문에 도발을 통해 상호우호협력조약을 맺고 있던 같은 진영의 강대국(옛소련, 중국)의 개입을 유도하는 '촉발' 전략을 취했던 것도 사실이다.43 하지만 북한이 핵실험을 실시한 이후에도 '촉발 핵전략'을 견지했다고 보기는 어렵다. 본격적인 핵개발 이후로 북·중 관계가 크게 어긋나기 시작했고, 북한체제의 특성(자주 이데올로기)과 북·중 관계의 지정학적 특성(접경국가, 대국-소국 관계), 미·중의 담합 가능성 때문에 일찌감치 '촉발' 전략을 포기하고 자체 핵보유로 방향을 전환했던 것이다.

그렇다면 최근에 잦아지고 있는 북한의 핵 선제사용 가능성 발언은 어떻게 해석해야 할 것인가? 북한은 재래식전력 상으로도 한국군에 비해 열세에 놓여있기 때문에 핵무기의 보유를 통해 재래식전쟁 대비와 핵억제라는 두 가지 목표를 동시에 추구하고 있는 것으로 보인다. 북한이 핵선제타격 능력을 갖춤으로써 자신의 목표인 확증보복 핵전략은 그대로 유지한 채, 미군의 전시증원을 차단해 재래식전쟁에서 승리를 거둔다는 이중 목표를 수립한 것으로 분석된다.

충분한 핵무기를 보유하고 있지 못한 북한이 현단계에서 채택할 수 있는 이중전략은 단계적으로 거부적 억제와 징벌적 억제를 배합하는 방식이다. 이것은 소련과 바르샤바조약기구(WTO)의 위협 강도나 형태에 따라 재래식무기, 전술핵무기, 전략핵무기 등으로 대응하고자 했던 미국의 유연반응전략과는 달리, 북한이 핵·미사일 능력의 진전 단계에 맞춰 재래식무기와 핵무기의 사용 가능성을 배합·적용하는 새로운 억제전략인 것이다.

북한은 장기적으로 미 본토를 타격할 수 있는 핵미사일 능력을 확보하

43_ 조 민, "북한의 '전쟁 비즈니스'와 중국의 선택", 「Online Series」, 통일연구원, 2010년 12월 1일.

여 미 본토에 대한 핵무기 공격을 위협함으로써 유사시 미국이 한반도 전쟁에 개입하지 못하도록 하려는 징벌적 핵억제 전략을 지향하는 것으로 보인다. 이러한 징벌적 핵억제 전략이 '신뢰성'을 갖도록 하기 위해 북한은 SLBM에 탑재 가능한 수준의 핵탄두 소형화와 골프급의 3,000천톤짜리 중형잠수함의 개발과 함께 다량의 핵탄두 보유를 추진해 나갈 것으로 보인다.[44]

하지만 북한이 미 본토에 도달하는 ICBM이나 3,000톤급 잠수함을 개발해 실전 배치하기까지는 오랜 시간이 걸릴 수밖에 없다. 그렇기 때문에 단중기적으로 북한이 노리는 것은 전쟁 발발시 한미연합군의 해상봉쇄를 뚫고, 미군의 전시증원을 어렵게 만들어 한미연합군이 의도한 군사적 효과를 거두지 못하게 하는 거부적 억제, 이른바 '북한판 반접근·지역거부(A2/AD) 전략'인 것이다.[45] 북한의 억제전략이 먹혀들 것인지의 관건은 재래식전쟁 때 미국이 본토에 대한 북한의 핵무기 공격위협을 감수하면서 미 증원군을 파견할 것인가에 달려있다.

V. 마치며: 정책시사점

북한의 김정은 정권은 출범 이후 비핵화를 위한 협상을 전면 거부한 채 '사실상의' 핵보유국의 길을 선택하였다. 지금껏 핵무기를 보유한 국가

44_ 황일도, "북한 SLBM과 우리 해군의 역할", 『KIMS Periscope』 제34호, 2016년 3월 21일, p. 1.
45_ Jackson, *Alliance Military Strategy in the Shadow of North Korea's Nuclear Future*, pp. 11~12. 밴 잭슨은 북한군의 반접근 작전개념(anti-access CONOPs)에 대해 재래식 및 핵 미사일 사용을 통해 ①미군 및 연합군의 대규모 유입의 지연 및 방지, ②북한의 동서해안에 상륙을 시도하는 수상함의 접근 방지, ③공군기지 타격으로 연합공군력의 우세를 무력화, ④보급을 차단함으로써 한·미 연합지상군의 북한영토 진입을 저지 등 네 가지를 노리고 있다고 분석한다.

가 자발적으로 핵을 포기한 사례가 없는 것은 아니지만, 이들 국가의 핵포기는 모두 냉전 종식 이후 국내외 안보환경이 개선되면서 합리적인 안보우려(reasonable security concerns)가 해소됐기 때문에 가능했던 것이다. 하지만 북한의 경우는 냉전이 끝나면서 오히려 국내외 안보환경이 악화되고 후계체계가 불안정하기 때문에 자발적인 핵무기 포기를 기대하기는 어렵다.

그렇다고 해도 우리나라는 물론 국제사회가 합의를 위반하고 핵무기를 개발한 북한을 국제법적(de jure)으로든 사실적(de facto)으로든 핵무기국가로 인정할 수는 없다. 북한은 「한반도 비핵화 공동선언」을 위반하며 핵무기를 비밀리에 개발했다. 또한 신흥 핵보유국인 인도, 이스라엘, 파키스탄이 처음부터 NPT에 가입하지 않은 채 핵무기를 개발했던 것과 달리, 북한은 NPT에 가입한 상태에서 비밀리에 핵프로그램을 가동한 뒤 핵무기 개발의 완성 직전에 NPT를 탈퇴해 핵실험을 실시하는 나쁜 선례를 남겼다.

김정일 정권은 자국을 둘러싸고 있는 열악한 안보환경 속에서 핵무기 개발을 시작해 핵실험을 성공시켰다. 김정은 정권에 들어와 북한은 핵무기 보유를 헌법 전문에 명시한 채, 핵무기의 소형화·경량화와 함께 ICBM과 SLBM의 개발에 박차를 가하고 있다. 북한은 지구관측위성의 발사에 이어 장기적으로 독자적인 항법위성체계를 구축해 네트워크중심전(NCW)에 대응하려 하고 있다.

그렇다면, 이미 핵무기를 보유하고 실전배치 단계에 와 있는 북한의 핵전략에 어떻게 대응하고, 궁극적으로 북한 핵문제의 평화적 해결을 위해 어떻게 할 것인가? 현재 북한의 국가전략으로 볼 때, 우리는 중국고전으로부터 대응전략에 관한 시사점을 얻을 수 있다. 『손자병법』 모공

(謨攻)편에서는 전쟁에서 상대를 이기는 방법으로 벌모(伐謨), 벌교(伐交), 벌병(伐兵), 공성(攻城)의 네 가지를 들고 있다. 이 가운데 공성 전략은 어쩔 수 없을 때에만 해야 하는 최하책으로, 이미 핵·미사일을 보유한 북한과의 전쟁은 우리 측의 많은 희생을 동반하는 방법이니 배제하기로 한다. 여기서는 전쟁을 통하지 않고 승리하는 세 가지 접근법, 즉 삼벌(三伐)전략을 중심으로 살펴본다.

삼벌(三伐)전략 가운데 최상책은 벌모(伐謨)로서 북한 스스로 점진적인 체제전환을 이루어 개혁세력이 집권할 수 있는 여건을 형성함으로써 협상을 통해 핵 포기를 이루려는 전략이다. 차상책에 해당하는 것이 벌교(伐交)로서 국제사회와의 공조를 통해 강도 높은 제재를 지속함으로써 북한이 핵무기를 보유하는 것보다 포기하는 것이 체제안전에 유리하다는 것을 깨닫게 하려는 전략이다. 차차상책인 벌병(伐兵)은 우리 스스로 거부적 억제력을 구축함으로써 북한의 핵무기를 무용지물로 만들어버리려는 전략이다.

벌모(伐謀)는 북한의 경제-핵무력 건설 병진노선이 핵무력의 확보에 따른 자신감을 바탕으로 북한식 개혁·개방을 추진하여 경제회복을 이루려는 것임을 역이용하여, 북한과의 접촉을 통해 체제 변화를 유도함으로써 북한지도부의 의도를 깨는 전략이다. 이것은 일종의 정치사회적 접근전략으로, '애민정치'의 허구성을 북한주민들에게 널리 인식시키고 북한의 시장화에 따른 모순 증대로 체제유지를 어렵게 하면서 북한 핵·미사일 문제가 해결될 수 있는 기회를 북한내부에서 만들어가는 전략이다. 그런 점에서 단지 대북 압박을 통해 북한이 스스로 핵을 포기하기를 기다리는 '전략적 인내'와는 다르다. 하지만 벌모의 접근법으로 비핵화를 달성하는 데까지 얼마나 시간이 소요될지 알 수 없기 때문에 그 동안 북한의 핵·미사일 위협에 대응하고 관리할 필요성이 있다.

당장은 북한에 의한 핵확산을 막기 위해 시급히 관리에 나서야 한다. 이를 위해 국제사회와의 공조를 통해 북한 핵문제를 외교적으로 관리하는 벌교(伐交)전략이 필요하다. 브룩스 주한미군 사령관도 인준청문회에서 군사적인 억제·방어 대책과 함께 외교적 노력이 필요하다고 밝혔다.[46] 그렇다 해도 북한이 사실상의 핵무기 보유국이 된 현단계에서 벌교(伐交)의 외교적 대책은 어디까지나 북한 핵에 대한 관리용으로는 유용할 뿐, 과거와 달리 북한 핵·미사일 문제를 풀 수 있는 해법이 되기는 어렵다.

문제는 당면한 북한의 핵무기 사용 위협이다. 외교적 대응은 군사적 대책을 병행했을 때 그나마 효과가 있는 것이기 때문에 당면한 북한 핵위협을 억제하고 방어하는 능력을 키워야 한다. 정치·경제·사회적 접근도 외교적 접근도 군사적 세력균형을 갖춘 뒤에야 의미가 있는 것이다. 그렇기 때문에 북한의 핵·미사일 문제 해결을 위한 근본적 해법은 아니더라도 군사적 접근인 벌병(伐兵) 전략을 동시에 추진할 필요가 있다. 북한의 핵·미사일 위협에 대해 우리 군이 추진하고 있는 킬체인(Kill Chain)과 한국형 방공망(KAMD)의 구축이 여기에 해당된다. 하지만 이들은 2020년대 초중반에야 실전배치될 예정이기 때문에, 그 사이에는 한·미 연합 억제력을 활용하는 것이 불가피하다.

오늘날 북한이 사실상 핵무기의 개발·보유를 끝낸 상태이기 때문에 벌모, 벌교, 벌병의 어느 하나의 접근법('1개의 화살')을 사용해서는 효과가 제한적이다. 그렇기 때문에 「절전(折箭)의 고사」에서 말하는 '3개의

46_ The U.S. Senate Armed Services Committee, Hearings to examine the nomination of General Vincent K. Brooks, USA, for reappointment to the grade of general and to be Commander, United Nations Command/Combined Forces Command/United States Forces Korea, April 19, 2016, p. 12.

화살'론과 같이 세 가지 접근법을 중층적으로 추진할 필요가 있다.**47** 각각의 전략은 효과가 제한적이고 성과에 못지 않게 부작용이 나타날 수 있지만, 3개의 전략을 병행해 추진하면 상호보완적인 역할을 하기 때문에 큰 성과를 거둘 수 있다.

따라서 바람직한 방향은 정치사회적 변화를 통한 점진적 체제전환을 지향하는 벌모(伐謨)전략을 기본으로 하면서, 국제공조에 의한 대북 압박과 6자회담이나 4자회담, 남북대화 등 다양한 외교적 방식을 병행하는 벌교(伐交)전략과 킬체인(Kill Chain)이나 한국형 방공망(KAMD), 한미 연합억제력과 같은 거부적 억제력 구축을 위한 벌병(伐兵) 전략을 복합적으로 운용하는 중층적 전략이 될 것이다.

47_ '3개의 화살론'이란 『북사(北史)』 토욕혼전(吐谷渾傳)에 나오는 '절전(折箭)'의 고사를 응용한 것으로, 1개의 화살은 쉽게 부러뜨릴 수 있지만 3개의 화살을 묶으면 잘 부러지지 않는다는 의미이다.

참고문헌

김보미, "핵확산 논쟁을 통해 본 북한의 핵전력 지휘통제체계", 북한연구
학회 춘계학술회의 발표문, 2016년 4월 1일.

대한민국 국방부, 『2004 국방백서』, 2005년.

_____, 『천안함 침몰 관련 국방부 입장』, 2010년 4월 1일.

북한 최고인민회의, 「자위적 핵보유국의 지위를 더욱 공고히 할데 대한 법」,
2013년 4월 1일.

이근욱, "북한의 핵전력 지휘-통제 체계에 대한 예측: 이론적 검토와 이에
따른 시론적 분석", 국가전략 제11권 3호, 2005년.

이재학, "억제이론으로 본 중국의 핵억제전략", 『신아세아』 18권 2호, 2011년
여름.

임수호, "북한의 대미 실존적 억지·강제의 이론적 기반", 『전략연구』 통권
제40호, 2007.

전경만, 임수호, 방태섭, 이한희, 『북한 핵과 DIME구상』, 삼성경제연구소,
2010년.

조 민, "북한의 '전쟁 비즈니스'와 중국의 선택", 「Online Series」, 통일
연구원, 2010년 12월 1일.

조성렬, 『뉴 한반도비전: 비핵 평화와 통일의 길』, 백산서당, 2012년.

_____, "북핵문제 외교적 해법의 실패원인과 시사점- 6자회담 재평가 및
재개 논의를 중심으로", 『국제관계연구』 제19권 2호, 2014년 가을.

황일도, "북한 SLBM 개발과 우리 해군의 역할", 『KIMS Periscope』
제34호, 2016년 3월 21일.

Albright, David, *Future Directions in the DPRK's Nuclear Weapons
Program: Three Scenarios for 2020*, US-Korea Institute at
SAIS, February 2015.

Bermudez Jr., Joseph S., "North Korea's SINPO-class Sub: New Evidence of Possible Vertical Missile Launch Tubes: Sinpo Shipyard Prepares for Significant Naval Construction Program", *38 North* on January 08, 2015.

Brian Padden, "South Korea: Kim's Power 'Unshakable' After Nuclear Tests", Global Security.org, April 06, 2016.

Fever, Peter D., "Command and Control in Emerging Nuclear Nations", *International Security*, Vol. 17, No. 2, Winter, 1992/93.

Jackson, Van, "Nukes They Can Use? The Danger of North Korea Going Tactical", *38 North: Informed Analysis of North Korea*, March 15, 2016.

_____, *Alliance Military Strategy in the Shadow of North Korea's Nuclear Future*, US-Korea Institute at SAIS, September 2015.

Narang, Viping, "Nuclear Strategies of Emerging Nuclear Powers: North Korea and Iran," *The Washington Quaterly*, Vol. 38, N0. 1, 2015.

_____, "Posturing for Peace? Pakistan's Nuclear Postures and South Asian Stability," *International Security*, Vol. 34, No. 3, Winter 2009/10.

Schilling, John and Henry Kan, *The Future of North Korean Nuclear Delivery Systems*, US-Korea Institute at SAIS, August 2015.

Smith, Shane, *North Korea's Evolving Nuclear Strategy*, US-Korea Institute at SAIS, August 2015.

The U.S. Senate Armed Services Committee, Hearings to examine the nomination of General Vincent K. Brooks, USA, for reappointment to the grade of general and to be Commander,

United Nations Command/Combined Forces Command/United
States Forces Korea, April 19, 2016.

『로동신문』 2013년 3월 7일.

『로동신문』 2016년 2월 24일.

『로동신문』 2016년 3월 9일.

『스푸트닉』 2016년 4월 9일.

『연합뉴스』2014년 2월 16일.

『연합뉴스』2016년 3월 7일.

『연합뉴스』2016년 4월 27일.

『조선중앙통신』 2013년 3월 7일.

『조선중앙통신』 2013년 4월 1일.

『조선중앙통신』 2014년 3월 5일.

『조선중앙통신』 2014년 7월 27일.

『조선중앙통신』 2015년 5월 6일.

『조선중앙통신』 2015년 10월 10일.

『조선중앙통신』 2016년 1월 6일.

『조선중앙통신』 2016년 2월 13일.

『조선중앙통신』 2016년 3월 4일.

『조선중앙통신』 2016년 3월 16일.

『조선중앙통신』 2016년 5월 9일.

『조선중앙통신』 2016년 7월 20일.

『조선중앙TV』 2016년 7월 20일.

제3장

북한의 공세적 대외정책과 경제확장전략:
핵-경제 병진 노선의 역조합

이정철
(숭실대 정치외교학부 교수)

I. 들어가며

2009년 이후 북한의 핵실험 및 로켓 발사는 북한의 모험주의를 그대로 보여주는 일례에 불과한 듯하다. 지난 반세기 동안 북한 체제가 시도해온 각종 다양한 모험주의1가 전형 그대로 재현되고 있기 때문이다. 그러나 이 시기 북한의 모험주의는 그 이전의 벼랑끝 전술로 불리던 기존의 모험 주의에 비해 다소 다른 특징을 지니고 있기도 하다. '미국과의 협상 성취' 를 통한 합리적 정상국가화라는 단일한 방어적 목표를 위해 모든 것을 경주했던 과거의 모험주의에 비해 이 시기에 와서는 그 대상이나 방식이 다변화해지고 있기 때문이다. 이제는 북한의 모험주의를 보는 시각에 변화를 주어야 할 때가 된 것이다.

본 연구는 이를 위해 북한의 모험주의를 보는 4가지 가설을 제시하고 현재 북한의 의도를 각각의 가설을 통해 검증하고자 한다. 기존의 연구가 북한의 의도를 정치 변수를 중심으로 해석한 데 반해 본 연구는 북한 경제라는 동기를 중요한 변수의 하나로 제기하고자 한다. 이 점에서 본 연구는 북한 경제 개혁과 대외 정책의 연관성에 주목하면서 외부 환경 변수가 국내 변수에 미치는 영향을 동시에 고려하는 제2이미지 역전 이 론의 시각을 분석의 일 전제로 삼고 있다.

이하에서는 북한의 의도를 보는 4가지 가설을 살펴보고, 필자가 강조 하는 제4가설의 설명력 제고를 위해 북한 경제를 보는 구획론적 접근법 을 특정해서 다루고자 한다. 구획경제에 대한 이해가 뒷받침될 때에만

---

*_ 이 글은 한국연구재단의 지원을 받아 수행된(NRF-2013-S1A3A2054810)의 연구의 내용 을 수정·보완한 것임.
1_ 여기서 모험주의라는 용어는 의도와 능력 간 괴리가 있을 수 있다는 전제 하에서 사용 하는 용어이고, 중립적으로는 대외정책으로 사용해도 의미의 차이는 없다. 이하에서는 혼용해서 사용하기로 한다.

북한 당국의 독특한 경제 정책을 설명할 수 있고, 그 때에만 국내 경제 요인과 대외 모험주의 간의 역설적 조합을 이해할 수 있기 때문이다.

Ⅱ. 대외정책: 북한의 의도와 능력의 함수에 대한 종합적 접근

북한의 모험주의에 대한 한국 정부나 북한 학계의 주류 견해(제1설)는 그 원인이 내부에 있다는 내인론적 해석을 취하고 있다. 오랜 동안의 경제 침체와 유엔 제재로 북한 체제의 위기의식이 고조되어온 데다가 김정일 사망 이후 외부 체제 안정화를 위해 세계와의 긴장을 인위적으로 조성해 후계자 등장에 따른 내부의 불만을 극복하고자 한다는 해석이다. 후계 체제의 정당화와 안정화야말로 북한 체제의 중추적 요소인 만큼, 이 같은 주류 견해의 해석에 대해서는 이견의 여지가 없는 듯이 보인다.

그러나 이에 대해서는 여러 가지 이설이 가능하다. 먼저 제2설로, 북한 체제의 핵실험과 모험주의적 대응은 대미 억지력 형성이라는 전통적 벼랑끝 외교인 핵 정치의 시각에서 볼 수 있다는 견해이다. 이는 오바마 행정부의 대북 정책이 부시 행정부와 큰 차이가 없고, 심지어 오바마 행정부가 북한이 핵을 포기할 의사가 없다고 판단을 내린 끝에 직접 대화를 거부함에 따라[2] 북한으로서는 대미 억지력을 확보하기 위해 로켓 발사와 핵실험 등 연 이은 강성 드라이브를 채택했다는 것이다.[3] 다만 이 해석은 북한이 미국과의 관계에서 억지와 방어적 충분성을 확보한다는

---

[2] "A review, carried out by the Obama administration during its first month in office, concluded that North Korea had no intention of trading away what it calls its "nuclear deterrent" in return for food, fuel and security guarantees. *New York Times*, June 16 2009.

[3] 북한의 모험주의를 방어적 현실주의의 입장에서 해석한 연구로 임수호, "실존적 억지와 협상을 통한 확산: 북한의 핵정책과 위기조성외교(1989-2006)" (서울대 정치학 박사학위 논문, 2007)이 있다.

군사적 동기 하에서 물리적 억지력을 과시한다는 것이지, 이와 다른 국내 정치적 동기나 공세적 도발의 의사가 있다는 논리는 아니다.

제3설은 북한이 단순한 억지 차원의 대응 태세를 벗어나 한반도를 사실상의 분쟁 지역으로 만들고, 이 과정에서 미국과의 직접 담판을 노린다는 해석이다. 단순히 협상을 통해서가 아니라 미국을 대화로 끌어내는 '담판'을 통해4 한반도의 정전체제라는 현상 유지 상태를 '단번에' 변화시키는 현상 변경의 장을 만든다는 것이다. 담판 유도 과정에서 어떤 무력 충돌이나 갈등도 감내하겠다는 의도를 공공연히 공개하고 있다는 점에서 북한은 사실상 치킨게임에 나서고 있다는 것이다. 이 견해는 2설의 주장처럼 북한의 핵정치를 정치 군사적 동기설에서 해석하는 것이지만, 체제 유지라는 방어적 의도보다는 정전체제 전환이라는 현상 변경적 '공격적' 의도를 갖고 있다고 주장한다는 점에서 앞의 해석과는 궤를 달리한다고 볼 수 있다. 3설에 전형적인 개념이 안보-안보부재 패러독스(stability instability paradox)상황이다.5 북한이 자신의 핵능력을 과시하면서 재래식 긴장을 강화하여 한국 정부를 압박하는 경우 한국의 선택지가 매우 왜소해지는 상황이 발생하는데, 이 경우가 바로 3설에 해당된다. 북한이 자신이 의도한 소기의 목적을 달성하기 위해 전략적 핵 억지 태세를 전제로 대미-대남 도발을 강행할 경우, 미국은 한반도의 전략적 안정을 위해 한국의 의사와 무관하게 북한이 원하는 목적과 타협하게 되고, 동시에

4_ 한호석, "그들은 왜 협상을 포기했을까," http://www.onekorea.org/2009/jb_090622.html(검색일자 : 2015년 10월 20일).

5_ 이는 특정국가가 핵 억지 능력을 확보함으로써 전략적 안정성을 확보하지만, 동시에 그 안정성은 주변 소국들에 대한 재래식 분쟁과 같은 소규모 지역 갈등의 가능성이 높아지는 비용 증대를 수반한다는 패러독스를 의미한다. Colin H. Kahl and Kenneth N. Waltz, "Iran and the Bomb – Would a Nuclear Iran Make the Middle East More Secure?," Foreign Affairs. September/October (2012).

북한은 한반도에 대한 역내 분쟁에서 우세를 점하게 된다는 것이다. 2015년 8.25 협상 과정에서 보여준 북한의 행태를 김정은이 개념화한 '통일대전'론과 결합시켜 보면 3설의 설득력은 높아진다.6

마지막 제4설은 북한의 모험주의가 체제 유지를 목적으로 하는 방어적 의도가 아니라, 특정 의도와 목표를 획득하기 위한 공세적·공격적 과정이라고 보는 점에서 3설의 해석과 맥락을 같이한다. 그러나 그 의도가 대외관계의 전환에 있기보다는 내부, 즉 경제발전의 동력 마련 및 지원 확보 그리고 환경개선이라고 해석하는 점에서 주류 견해와 마찬가지로 내인론적 접근이다. 즉, 경제 발전의 동력을 확보하기 위한 정치적 돌파 전략이라는 논리이다. BDA 제재 이후 국제사회의 대북 제재가 지속적으로 진행되고 있고 심지어는 2006년과 2009년에 각각 발효된 유엔 제재 1718호와 1874호가 여전히 효력을 발휘하고 있던 조건에서, 북한은 이에 대한 돌파의 방식으로 로켓과 핵실험을 선택했다는 것이다. 북한이 150일 전투7를 기획하는 시기에 동시에 로켓 발사를 진행한 점이나, 그 이후 추가의 3차 핵실험 여부를 중국의 대북 지원과 연계하여 북중교역의 제약을 풀어갔던 현실을 복기하면, 북한의 모험주의 의도가 북중교역 관계의 정상화 및 중국의 대북 지원과 연관되어 있다는 '결박론(tethering)'적

6_ 김정은은 2012년 8월 25일 처음 통일대전론을 언급하였다. 검색일자: 2015년 10월 26일. http://www.newshankuk.com/news/content.asp?news_idx=201503071657441036

7_ 흔히 대고조식 운동으로 통용되는 150일 전투는 "1967년 6월이후 전개된 새로운 혁명적 대고조를 일으키기 위한 투쟁, 1974년 2월이후 전개된 속도전창조운동, 1982년 8월이후 전개된 ≪80년대속도≫창조운동, 1991년 5월 이후 전개된 위대한 수령님탄생 80돐을 지향하여 일대 앙양을 일으키기 위한 투쟁 등 매 시기마다 ≪혁명적대고조≫창조투쟁을 심화"(조총련 리영수)라는 주장처럼 북한 체제의 주기적 운동 방식으로 등장하였다. 90년 초반 이후 오랜만에 등장한 150일 전투는 2008년 연말 김정일이 천리마 제강연합기업소를 방문할 때부터 기획된 것으로 추측된다. 이 때는 2008년 김정일이 뇌졸중으로 쓰러진 이후 김정은이 본격적으로 후계 과정에 돌입하고 있던 시기였으므로 150일 전투는 김정은의 등장과 뗄 수 없다.

해석에[8] 가산점을 주는 것이 가능해진다. 이런 해석은 물론 제4설의 한 부류에 해당된다. 2012년 2.29 협상 당시 미국과의 협상 과정에서 북한이 2차 로켓 발사와 3차 핵실험 여부를 두고 미국과 물밑 경제 지원 협상을 하거나 중국의 경제 무상 지원을 거래했던 것 역시 동일한 가설의 범주로 분류 가능하다.

이상의 네 가지 가설을 표로 단순화하면 다음과 같다.

〈표 3-1〉 북한 대외정책의 의도 분석 메트릭스

	내인론	외인론
생존 전략 (방어적)	제1가설: 후계 안정화 및 (시장) 체제 통제	제2가설: 대미 억지력 확보와 현상유지
확장 전략 (공격적)	제4가설: 경제 건설의 동력 및 경제 지원 확보	제3가설: 분쟁지역화와 평화협정 성취

물론 최근의 북한 연구가 북한의 의도보다는 능력 변수를 강조하는 쪽으로 선회하고 있음이 사실이다. 그리고 능력변수에 따른다면 위 매트릭스의 어느 것도 성립되기 어려울 수 있다. 그럼에도 불구하고 정책론적 함의를 이끌어내는 데서 한반도가 처한 국제환경과 힘의 관계에 더해 북한의 의도와 의지의 측면을 분석하는 것 역시 여전히 유의미하다.

1. 북한 의도: 제2이미지 중심의 내인론과 공격형 가설의 결합

주류 견해, 즉 1설은 일연 가장 설득력이 있어 보이지만, 몇 가지 점에서 분석적 결점이 발견된다. 주류 이론은 기본적으로 국내정치변수로부터

8_ 최명해, 『중국-북한 동맹관계: 불편한 동거의 역사』 (서울: 나남, 2009).

일국의 대외정책을 분석하는 월츠9의 '제2이미지'(The Second Image)10 차원의 접근이다. 이는 북한의 내부 정치 역관계가 대외 정책의 주요 변수임을 분석한다는 점에서 매우 중요한 분석론임은 분명하다. 특히 기존 연구들이 북한의 내부 정치를 변수보다는 상수로 고정화시켜 놓고 대외 관계를 중심으로 분석해왔다는 점에서 이 문제의식은 비중 있는 경향임이 분명하다.11

그러나 본 연구는 2가지 점에서 1설의 접근법에 이견을 제기하고자 한다. 하나는 1설이 국내정치변수가 국내적 환경변화만이 아니라 대외적 환경변화에 의해서도 영향을 받고, 그것이 다시 대외정책의 변화를 초래한다는 '제2이미지 역전'(The Second Image Reversed) 이론의 시각12을 충분히 고려하지 않았다는 점이다. 1설은 쌍방향 영향을 고려하기보다는 후계 체제론과 체제 위기감이 곧 바로 대외 강경정책으로 전환하는 일방형 의사결정 과정만을 강조하는 단점을 지니고 있다. 대외정책 결정자는 국내정치와 국제체계로부터 기인하는 제약과 기회를 동시에 고려하며, 두 차원의 상대적 중요성은 선험적으로 정해진 것이 아니라 상황에 따라 변할 수 있다. 따라서 현재 북한의 대외 모험주의 외교 노선이 국제

9_ Kenneth Waltz, *Man, the State, and War* (Columbia U.P., 1959), Chapter 3 & 4.

10_ 한편 현실주의 패러다임이면서도 국내 정치 요인을 고려하자는 '신고전적 현실주의'(neoclassical realism)도 중요하다. Gideon Rose, "Neoclassical Realism and Theories of Foreign Policy," *World Politics*, Vol. 51, No. 1 (October, 1998), pp. 144-172.

11_ 북한의 국내정치 요인에 대남 정책에 미친 영향을 분석한 대표적인 선행 연구로 최완규, "김정일 정권의 대남정책 변화요인과 방향 연구(1994-1998): 북한 국내정치와 대남 정책과의 상관성을 중심으로," 『안보학술논집』 (2001)과 고유환, "북한의 대내정치와 대남정책의 상관성 분석," 『통일경제』, 1월호 (1997), pp. 42-52이 있다.

12_ Peter Gourevitch, "The Second Image Reversed: The International Sources of Domestic Politics." *International Organization*, vol. 32, no. 4 (Autumn, 1978); Peter Gourevitch, *Politics in Hard Times: Comparative Responses to International Economic Crises* (Cornell U.P., 1986).

체계로부터 비롯되는 측면과 그것이 국내정치경제에 미치는 영향을 재분석하고 이를 통해 다시 수정된 대외 정책이 제시되는 과정을 짚어보아야만, 북한의 대외 정책 결정과정과 국내 정치경제의 상관성을 제대로 밝히고, 특히 북한의 의도를 심층적으로 분석할 수 있을 것으로 판단된다.

다른 하나는 1설이 북한의 의도를 후계 정권의 생존과 체제의 유지라는 방어적이고 반응적 차원에서만 바라보고 있다는 점이다. 북한 지도부에게 체제유지라는 것이 매우 중요한 정책동기임에 틀림없지만, 역사적으로 북한의 대외정책은 때로는 매우 공격적이어서 돌파형일 경우도 있다는 점을 고려해야 한다. 북한의 의도를 체제유지라는 측면에서 바라보는 견해는 현실적이기는 하지만, 북한의 예측 불가능한 행태를 분석하는 데서 사후약방문격의 추수적이라는 단점을 극복하기 어렵다. 후계론이나 체제 유지를 정책결정의 가장 중요한 변수로 삼는 것은 정치적 요인에 편중된 접근이라는 비판 역시 검토할 필요가 있다.

요컨대 북한의 국내 정치적 변수가 대외 정책에 어떻게 영향을 주는가를 분석하는 내인론적 관점에서 북한의 대외적 모험주의와 그 의도를 파악하는 1설의 연구는 매우 설득력이 높음에도 불구하고 앞서 살펴본 것과 같은 두 가지 비판에 직면하고 있다. 이 점에서 본 연구가 주목하는 가설은 4설이다.

사실 4설은 두 가지 차원에서 1설의 문제점을 보완할 수 있는 장점이 있다. 하나는 4설이 2005년 이후에 진행되어온 국제 사회의 대북 제재가 북한 내부 체제에 미친 영향을 분석하고, 이를 통해 북한 체제 특히 경제 체제가 어떤 변화를 겪었으며, 이것이 북한 지배층 내에서 어떤 정책 결정의 변화를 가져오는가를 설명하고자 한다는 점이다. 4설은 제재라는 외부로부터의 압력이 어떻게 국내 정치경제 변수의 변화를 초래하며,

그것이 다시 국내적 압력과 결합하여 대외정책의 변화를 초래하는가라는 제2이미지 역전 이론의 시각을 채택하고 있기 때문이다.13

또한 4설은 북한의 대외 군사 공세(모험주의)를 북한 당국의 경제건설 환경개선 전략과 연결짓고 있다는 점에서 북한 당국의 정치적 의도 뿐 아니라 경제적 의도를 분석의 내용으로 끌어들이고 있다는 특징이 있다. 북한 지도부의 의도를 체제 유지라는 방어형으로 두는 제1가설의 경우, 사실상 국내정책요소를 변수라기보다는 상수로 두는 것이나 마찬가지라는 비판을 극복하기 어렵다. 이 점에서 4설은 체제유지를 위한 시장통제나 후계체제를 위한 정치적 통제라는 도식화된 구 사회주의 동학의 분석틀을 넘어,14 경제건설 환경개선이라는 확장적 돌파 전략의 차원에서 북한 당국의 대외정책 결정과정에 접근하고자 한다는 점에 가장 큰 의의가 있다.15

2. 연구의 목적과 분석틀: 제4가설의 설명력 제고

일연 제4가설은 매우 생경해 보인다. 그동안 북한 연구에서 경제건설 전략과 핵전략을 연결하는 분석 자체가 드물었기 때문이다. 경제와 외교의 상관관계를 논하는 경우도 그것이 경제확장 전략이라기보다는 보상 확보라는 살라미 전술 차원에서 접근하는 것이 상례였기 때문이다.16 그러나 2013년 3월 북한이 핵-경제 병진 노선을 발표한 이래, 북한의 핵전

13_ 제2이미지 역전이론을 적용하여 국내 정치 레짐의 안정성과 대외 정책의 관계를 결합한 연구로는 서진영·유길재, "김일성 이후 북한의 대외정책: 초국가적 관계, 국내정치 구조, 대외정책 변화의 동학," 『아세아 연구』, 40 (1997), pp. 43~67을 참조할 것.

14_ Janos Kornai, *Socialist System* (Princeton Univ. Press, 1992).

15_ 물론 2설과 3설 역시 북한의 대외정책 분석에서 중요한 가설이다. 본 연구가 이를 배제하는 것은 아님을 확인하고자 한다.

16_ 송종환, 『북한 협상행태의 이해』 (서울: 오름, 2002), pp. 130~162.

략을 경제발전 전략과 연계하여 사고하자는 논리가 힘을 얻기 시작했다. 본 연구는 이런 문제의식 하에서 북한의 경제체제와 발전전략을 분석하고자 한다.

사실 일반적인 정치 체제들의 경우 경제 체제를 이해하지 않는다면, 그들 정책의 변화가 갖는 미묘한 의미들을 파악하기 어렵다는 것은 상식이다. 그러나 북한에 대해서만은 오히려 우리가 정치 요인을 중심으로 하여 지나치게 협소한 정책 잣대만을 들이대고 있었던 것은 아닌가를 되돌아볼 때이다.

이 점에서 본 연구는 북한 경제 시스템의 특수성을 분석한 데 기초하여 북한 당국의 공격적 대외 정책과 돌파형 경제 전략의 연계를 파악해보고자 한다. 여타의 경제 시스템과 달리 매우 독특하게 구획으로 나누어 진 북한 선군 시스템의 경제 체제를 이해한다면 북한 당국의 어떤 정책이 왜 경제 돌파 전략인지, 그것이 어떤 점에서 생존 전략이 아니라 발전 전략인지를 파악하는 데 한층 쉽게 다가갈 수 있을 것이기 때문이다. 이러한 인식이 전제될 때에만 북한 당국의 특정 외교정책이 경제적 이익을 확보하기 위한 것인지 아닌지, 나아가 경제적 이익을 겨냥한 특정 정책이 경제 발전을 위한 공격형 돌파 정책인지 체제 유지를 위한 방어적 통제 정책인지를 구분할 수 있을 것이기 때문이다.

Ⅲ. 북한의 구획경제와 국가—시장 이항 대립론의 한계

필자는 2002년 7.1 조치를 전후해 이루어진 북한의 개혁 체제를 '부분 개혁 체제'[17]로 바라보는 견해에 동의하지 않는다. 이는 전형적으로 1970년대의 구 동구 사회주의 체제를 분석했던 틀로 북한의 현재를 규정하는 것이기 때문이다. 오히려 북한 경제는 매우 독특하게 구획화 (compartmentalized)된 경제로 알려져 있다.18 당군 경제와 일반 경제로 구획화 되어있기 때문에 일반적인 의미의 순환 고리를 가진 국민경제라는 것을 상정하기는 어렵다. 다만 북한의 당군 경제는 그 실상이 정확하게 알려져 있지 않고, 그 규모가 전체 경제의 30~60% 사이에 있을 것이라는 증언과 이를 바탕으로 한 추정 자료들로 그 크기나 존재가 추론되고 있을 따름이다.19

따라서 북한 경제를 보는 데서 구획 현상을 고려하지 않고 특정 현상에만 초점을 두면 국가 정책이나 경제 추세 변화에 대해서 일면적인 인식에 그치기 쉽다. 일반 경제 부문에만 초점을 맞추어 북한이 시장경제로 전환했다고 흥분하다가도 로켓이나 핵 개발 나아가 군수 산업 등 당군 경제 등에서 건재한 계획 경제의 실상을 확인하게 되면 시장통제체제로 회귀한 듯 실망하게 마련이다. 당군 경제만을 보면 북한은 한 번도 구체제에서 이탈한 적이 없는 철옹성 같은 계획경제이기 때문이다. 북한 경제의 변환 과정에 대해서 장님 코끼리 다리 만지기 식 평론이 횡행한 이유이다.

2003년 이후 북한은 구획경제론을 뒷받침하기 위하여 '선군경제노선'을 공식화한 것으로 알려진다. 이에 따라 북한 당국은 "중공업 우위" 노선 대신에 "국방공업 우위" 발전 전략을 입안하였고, 마르크시즘의 전통적인 2부문 경제학을 3부문 경제학으로 수정하였다고 전해진다.20

17_ 박형중, "북한 7·1조치 성과와 경제개혁 전망: 부분개혁과 상품경제 사이에 선 북한," 『통일한국』, 6월호 (2004).

18_ 본 장 내용 중 구획경제에 대한 설명 내용은 이정철, "논단: 북한 구획 경제의 한계와 가격 제도 개혁," 현대경제연구원, 『통일경제』, 2월호 (2010), pp. 89~99를 수정하였음.

19_ 구획화 현상이나 당군경제 규모에 대해서는 김광진, "북한 외화관리시스템의 변화와 외화의존도의 증대,"『수은북한경제』, 봄호 (2008), pp. 19~41과 차문석, "북한 경제의 동학과 잉여의 동선:특권경제를 중심으로,"『통일문제연구』, 51호 (2009)를 참조할 것.

20_ 이와 관련한 북한 연구들은 리기성, "위대한 령도자 김정일동지께서 새롭게 정립하신 선군시대 사회주의경제건설로선,"『경제연구』, 2호 (2003); 김재서, "선군원칙을 구현

경제를 생산수단생산과 소비재 생산부문으로 이분해온 마르크스의 견해
가 선군시대의 요구에 맞지 않다며 '선군시대 재생산이론'[21]이라는 이름
으로 경제를 군수생산부문과 생산수단생산부문, 소비재 생산 부문으로
3분할 것을 주장하기 시작한 것이다.[22]

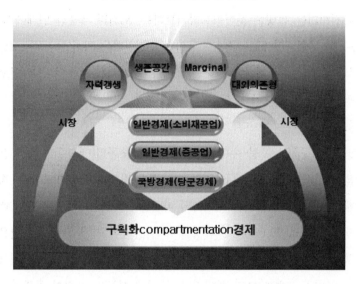

〈그림 3-1〉 북한 경제의 구획화

한 사회주의경제관리,"『경제연구』, 1호 (2004); 김원국, "선군시대 경제건설로선을 철
저히 관철하는 것은 인민생활 향상의 확고한 담보,"『경제연구』, 3호 (2005); 한규수,
"선군시대 경제건설로선의 기본요구에 맞게 사회적생산부류들 사이의 균형설정에서
나서는 몇 가지 문제,"『경제연구』, 1호 (2006); 정영섭, "선군시대 경제건설로선은 시
대와 혁명의 요구를 가장 정확히 반영한 과학적인 로선,"『경제연구』, 2호 (2006); 조영
남, "위대한 령도자 김정일동지께서 제시하신 선군시대 경제건설로선은 사회주의경제
건설의 기본로선의 계승발전,"『경제연구』, 4호 (2006); 장덕성, "국방공업을 우선적으
로 발전시키는 것은 전반적 경제발전을 위한 기본담보,"『경제연구』, 4호 (2007); 오주
철, "선군시대 경제건설로선은 사회주의경제건설의 본성적요구를 변함없이 견지하고
높은 수준에서 실현할 수 있게 하는 로선,"『경제연구』, 2호 (2008) 등 많은 글에서 나
타나고 있다.
21_ 심은심, "선군시대 재생산의 몇가지 리론문제,"『경제연구』, 2호 (2004), pp. 11-12.
22_ 북한의 3부문 경제학에 대한 분석은 이정철, "북한의 개방 인식 변화와 新자력갱생론
의 등장,"『현대북한연구』, 9권 1호 (2006), pp. 31-34 참조.

필자는 <그림 3-1>에서 보듯이 북한 당국이 이 같은 이론적 디자인에 근거해 북한 경제를 군수생산 부문인 국방경제와 여타의 일반경제로 이분화한 뒤 그리고 그 일반 경제를 다시 생산수단(중공업) 부문과 소비재 부문으로 나누어, 결과적으로 전체 경제 시스템을 3개 구획으로 분리하는 과정을 거쳤다고 본다. 여기에서 군수생산 부문, 즉 국방공업을 특수한 독립 경제 부문으로 정의한다는 것은 그것이 이론 그대로 재생산 연계를 촉진시키는 선행 부문이어서라기보다는, 오히려 재생산 연계에서 국방부문이 독립되어 있고 나아가 독립을 추진한다는 의미였다. 즉, 고난의 행군과 2000년대를 지나면서 북한 체제가 군수 생산 부문의 경우 안보상의 필요에 따라 자체의 재생산 순환을 구축해 일반 경제로부터 분리 독립시키고자 했다는 것이다.

한편 제2구획으로 볼 수 있는 일반경제의 중공업(생산수단생산) 분야는 의사 가격(pseudo-pricing)에 의한 조정 경제가 작동하고 있는 장으로 자리 잡게 되었다. 이는 러시아의 이행기에 과도적으로 나타났던 버츄얼 경제(Virtual Economy) 현상을 북한 당국이 이행 전략으로 활용한 데 따라 출현한 관리 경제의 장이다.[23] 이 공간에서는 기본적으로 가격에 의한 조정이 지배적 관리 형태지만, 동시에 현물과 가격이 공존하면서 현물이 가격 경제를 대체하는 현상 또한 나타나고 있다. 단 이 때의 현물 거래는 지대(렌트)의 배분 과정에서 나타나는 이행기적 전략의 결과이지, 전시 공산주의 시기의 현물 경제 메커니즘이 아니라는 점을 잊어서는 안 된다.

23_ 버츄얼경제와 이중경제에 대해서는 이정철, "북한의 의사(疑似) 시장 기제와 생존 전략 연구: 이중경제(Dual Economy)와 버츄얼 경제(Virtual Economy) 전략을 중심으로," 『한국과 국제정치』, 여름호 (2008), pp. 199-229 참조.

그리고 북한 주민들의 생존 공간인 3부문, 즉 소비재 생산 부문과 시장 섹터는 한계(marginal) 분야에 자리하게 된 결과, 대외 의존형 자력갱생 공간이면서 또한 정부 재정 수입을 위한 착취의 대상이기도 하다. 이 점에서 교역 제재와 같은 대외 경제의 충격파는 국가 재정 수입에 영향을 미칠 것이라는 기대와는 달리 먼저 대외연계공간인 북한의 시장에 1차적 파장을 미쳐 시장 위축을 결과할 가능성이 높다.

이렇게 볼 때 구획화론과 관련한 북한 지도부의 의도는 두 가지 지향점을 갖게 되는데, 그 하나는 군수-국방 공업 부문을 재생산 순환에서 독립시킨다는 것이고, 다른 하나는 시장 부문을 대외 연동형(따라서 대외 의존형) 자력갱생의 생존 공간으로 둔다는 것이다. 사실 1962년 경제-국방 병진 노선을 정립한 이래, 북한 당국은 끊임없이 국방 부문을 순환 연계에서 독립시키고자 해 왔지만, 매번의 경제 위기는 이를 어렵게 하였고, 특히 1990년대 경제난은 그 구분을 사실상 와해시켰었다. 3부문 경제론은 2000년대에 들어와 북한 당국이 다시 재구획화를 시도하였음을 의미한다.

북한의 구획화가 어느 정도까지 현실을 반영하고 있는 것인지, 어느 정도까지 이론에 머무르고 있는지 불확실하지만 북한 체제가 계획과 시장의 이분법으로 구분되는 시스템이 아니라는 점은 분명하다. 계획과 시장이라는 이분법은 구 사회주의 붕괴기의 국가 붕괴 신화를 너무 쉽게 수용한 데서 나온 희망적 사고(wishful thinking)일 뿐이지 현실을 반영하고 있는 것은 아니기 때문이다.

사실 국가(계획)와 시장을 대결적으로 보는, 따라서 국가와 시장을 이항 대립적으로 나누는 이분법은 북한의 구획경제를 이해하지 못해서일 뿐만 아니라 이행기 시장 현상 그 자체에 대해서도 이해도가 낮은 데에 기인한다. 이항 대립론은 시장 공간이 아래로부터의 자생적 시장화의 결과이지만, 동시에 당국에 의해 관리되고 당국에 협조적인 이중적 공간이라는 것을 인정하지 않고 있다. 북한 당국이 시장 세력으로부터 재정 수입 등을 보충하는 관리 메커니즘을 장악하고 있다는 점을 간과하고 있으며, 다른 한편으로는 북한 체제의 중간 관료들이 시장 활동의 직-간접적 매개자가 되어 있음을 무시하고 있다는 데 기인한다. 시장이 국가 친화적으로 확장될지 시장이 국가에 적대적인 대안으로 등장할지에 대한 문제는 사유화 과정, 관료의 부패 정도, 엘리트 갈등 형태 등 복합적인 현상의 결과라는 점에서 이 같은 시장의 복합성에 눈감고 있는 시장-국가 이분법의 한계는 분명하다.

〈그림 3-2〉 시장과 국가 능력

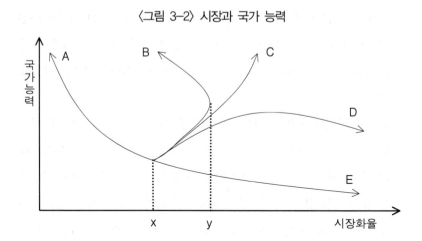

시장과 국가 능력간의 관계를 보여주는 〈그림 3-2〉의 그래프는 시장과 국가 간의 관계가 어떤 시간 구간에 위치해있는가에 따라서 각기 다른 상황으로 발전할 수 있다는 점을 보여준다. 예를 들어 북한 체제의 시장

화 수준이 <그림 3-2>의 양 화살표 구간인 x-y 사이에 있다면 북한 체제가 B, C, D의 어느 장기 경로를 따라 가더라도 x-y 구간에 있는 동안에는 시장 확대와 국가 능력 확대가 동시에 이루어지는 과도적 상황에 놓이게 된다. 이 구간을 지난 이후 B, C, D 등으로 분화될 수는 있지만 x-y 구간 내에서 시장 확대가 국가 능력의 상승으로 이어지고 있다는 점은 세 곡선 모두에서 동일하다. 심지어 종국적으로는 시장을 탄압한다는 B의 곡선을 따르더라도 화살표 사이의 과도적 구간 내에서는 국가가 시장화를 반대할 이유가 없다는 뜻이다.[24]

따라서 북한에서 시장의 확대 현상을 국가 권력 침식으로 보는 이항 대립적 인식은 북한 체제가 E 곡선의 경로를 밟고 있다는 선험적 전제 하에 서 있어야 하지만, 오히려 E 패턴의 가능성은 더욱 낮다는 것이 중론이다. 이처럼 A, B, C, D, E 경로 모두의 가능성을 열어두고 이에 대해 실증적으로 분석하는 시각이 중요하다.

Ⅳ. 재정 부문 개혁과 시장화

결국 문제는 북한 체제가 이 같은 이행기 경제의 초기 조건에 돌입했는가하는 질문이다. 이행과 체제 전환 그리고 시장화 여부의 기준을 사유화,

---

[24]_ 산업연구원의 최근 연구 역시 북한의 시장이 국가 경제의 보완 공간임을 잘 보여주고 있다. "중단기적으로는 북한의 (제한된 영역에서의) 시장화의 진전은 북한 당국의 의도와 충돌하지 않으며.....이제 시장은 북한 정부의 주요 재정수입원이 되었으며, 이러한 경향은 향후에는 더욱 강화될 것이다. 따라서 시장규모의 확대를 수반하는 시장화의 진전은 적어도 단기적으로는 북한 정부의 역량을 강화시키는 작용을 할 것으로 보는 것이 적절하다........ 결국, 국영기업의 사유화를 배제한 채 진행되고 있는 시장화는 북한 정부의 이해관계와 충돌하지도 않으며, 단기적으로는 시장경제 체제로의 전환을 직접적으로 촉진하는 것도 아니며, 따라서 그 효과도 크지 않다고 볼 수 있다." 이석기 외, 『북한경제 시장화 촉진 방안』 (세종: 산업연구원, 2015), pp. 12-14.

가격 자유화, 이데올로기 및 계획기구 해체 등과 같은 공식적인 요인을 중심으로 살펴 볼 경우 북한 체제의 변화는 요원한 것으로 보인다. 그러나 앞서 살펴보았듯이 북한 체제의 구획 디자인은 이미 시장을 경제의 중요한 한 구성 부문으로 수용하기 시작했다. 스탈린식 물량 공급제 사회주의 체제로부터의 변화는 경제 관리 분야 뿐 아니라 유통, 가격, 재정 등 경제 전 분야에 걸쳐 나타나고 있고 변화의 폭 역시 작지 않다. 그 중에서도 가장 의미 있는 부문은 재정 부문의 변화 형태이다. 세계은행은 이미 2002년 보고서에서 국가 재정 강화를 시장 개혁과 동시 병행적 과제로 보는 안정화(stabilization) 우선론을 체제 전환의 대안으로 제안한 바 있다.[25] 동 보고서는 동구와 같은 이행기 국가에서 시장을 국가와 대립시키는 1990년대식 권고안을 반성하면서, 재정 부문의 국가 주도적 개혁을 강조하며 그 주 내용으로 세제 합리화 즉 세제 개혁을 강조하였다. <그림 3-3>과 <표 3-2>는 체제 전환국 일반이 보이고 있는 세제 변환 과정에서 부가가치세의 중요성을 잘 나타내주고 있고 그것의 도입이 사실상 이행의 초기 조건을 의미한다는 점을 보여준다.

25_ World Bank, *Transition: The First Ten Years - Analysis and Lessons for Eastern Europe and the Former Soviet Union* (2002).

〈그림 3-3〉 세수 중 직,간접세의 비율(이행초기)

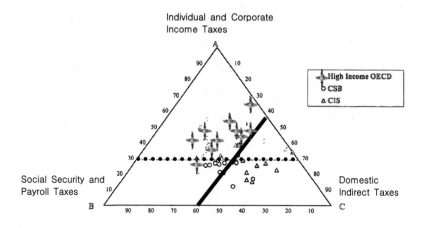

주: 소득세, 간접세, 사회보장세의 국내 3대 세만 가지고 100%를 구성하여 그린 그림
　　소득세는 BC라인이 0이고, A점이 100%를 의미, 간접세는 AB라인이 0이고, C점이 100%를
　　의미 그리고 사회보장세는 AC라인이 0이고, B점이 100%를 의미.
자료: Pradeep K. Mitra and Marcelo Selowsky eds. *Transition: The First Ten Years*
　　(World Bank, 2002), p. 16.

□ 그림에 따르면 OECD 국가들은 대부분 소득세 30% 이상, 간접세 40%이하에
　분포하는 반면, 체제전환국가들은 대부분 소득세 30% 이하, 간접세 40% 이
　상 선에 분포함을 알 수 있음
　· 특히 체제전환이 저조한 CIS 국가들은 CSB 국가들에 비해 간접세 비율이
　　높음

□ OECD 95% 이상 국가가 세수의 30% 이상을 소득세에서 마련하는데 비해,
　체제전환국가들은 30% 이하를 소득세에서 충당

□ OECD 80% 이상 국가가 세수의 40% 이하를 간접세에서 충당하는데 비해,
　체제전환국가 80% 이상이 40% 이상을 간접세에서 충당

□ CSB(Central and Southeastern Europe and the Baltics)국가 75% 이상은
　세수 30% 이상을 사회안전세와 payroll tax에서 충당하는데 비해, CIS(The
　Commonwealth of Independent States)국가들은 세수의 30% 이하를 사회
　안전세 등에서 충당

〈표 3-2〉 VAT(부가가치세) 수용 국가와 수용시기

	VAT 도입기	VAT율
헝가리	1988년	12, 25
러시아	1992년	10, 20
체코	1993년	5, 22
폴란드	1993년	7, 12, 22
루마니아	1993년	9, 11, 18
불가리아	1994년	20
중국	1994년	13, 17
베트남	1999년	5, 10, 20
한국	1977년	2, 3.5, 10

자료: VAT율은 IMF, IMF statistics and Pricewaterhouse Coopers Worldwide Summary of Corporate Taxes 1999-2000 자료 참조.

〈그림 3-4〉에서 보듯이, 7.1 조치 이후 북한의 재정관리체제는 매우 심각한 변화를 겪었다. 가격자유화나 사유화 등의 요란한 변화보다는 신재정체제나 인센티브 구조의 변화에서 체제전환의 실리를 찾는 세계은행이나 선행 체제전환국들의 추세에[26] 비추어 본다면 북한 체제가 시도한 세제 개혁과정 등의 프로그램은 단순한 구 사회주의 경제의 패러다임만으로는 이해되기 어려운, 안정화(stabilization) 우위의 시장화 조치로 설명 가능한 요소를 지니고 있었다.

---

[26]_ Pradeep K. Mitra and Marcelo Selowsky eds. *Transition: The First Ten Years* (World Bank, 2002); Vito Tanzi and George Tsibouris, "Fiscal Reform Over Ten Years of Transition." *IMF* (2000), pp. 26-29.

<그림 3-4> 북한의 세제 합리화 - 번수입 개념[27]과 부가가치세 도입

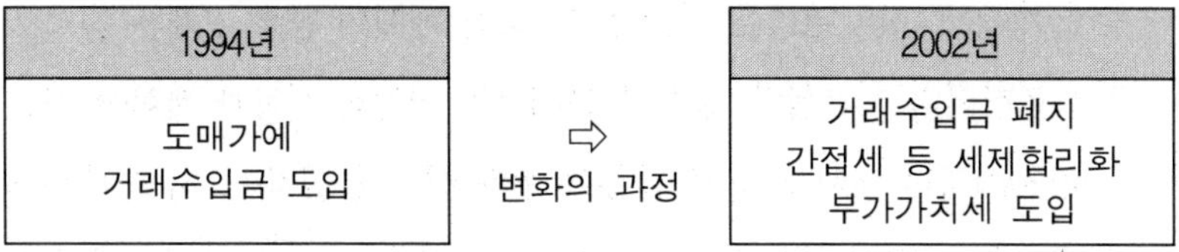

1994년		2002년
도매가에 거래수입금 도입	⇨ 변화의 과정	거래수입금 폐지 간접세 등 세제합리화 부가가치세 도입

　북한은 2002년 7.1 조치 당시 기업 관리 부문에서 '번수입' 개념을 도입하였다. 번수입은 북한식 간접세이자 부가가치세이다. 앞서 <그림 3-3>에서 지적하였듯이 체제전환과정에서 부가가치세 도입의 의미가 각별한 만큼, 북한 역시 이를 통해 재정 수입의 안정화를 시도하였다. 근로자 임금 부문을 국가 관리 영역에서 분리하여 기업에게 관리 책임을 주고 임금을 제외한 총수익 전체에 일정 비율의 부담금, 즉 사실상의 세금을 부담시킨 것은 북한이 나름의 부가가치세를 도입했음을 의미한다. 번수입 제도 도입이 북한의 기업에게 적절한 인센티브 조치로 해석되고 있었음은 물론이다.

　물론 북한의 세제는 이후 여러 가지 파장을 겪고 우여 곡절을 겪고 현재 번수입 개념은 수정되었지만, 2002년 당시의 번수입 조치 도입은 명백히 기업 관리 체제의 분기점이자 동시에 북한 재정 부문의 시장화 조치에 한 획을 긋는 사건이었던 것은 명백하다. 부가가치세는 제품의 시장 실현에 정액의 비율로 재정 수익을 확보하는 원리에 기반해 있기

27_ "인민경제 부문, 공장, 기업소들에서 새로 창조된 가치를 화폐로 표현한 것"이라고 정의되는 '번수입'은 기업 이윤에 임금을 더한 것으로서, 당해 기업이 창조한 순수한 부가가치 개념이다. 부가가치세 성격으로서의 번수입 개념에 대한 북한의 설명은 장성은, "공장. 기업소에서 번수입의 본질과 그 분배에서 나서는 원칙적 요구," 『경제연구』, 4호 (2002), p. 39; 리영근, "기업소 경영활동에서 번수입을 늘이기 위한 방도," 『경제연구』, 1호 (2003), p. 38 참조.

때문에 시장화의 중요한 동기이자 결과이기 때문이다.

북한 체제가 이런 변화를 시작한 한, 북한 체제의 관료 경제는 음으로 양으로 확장되기 시작했다. 공식 부문에서는 여전히 시장과 계획이 진동(oscillation)하는 듯이 보였고 갈등이 존재하는 듯 했지만, 시장 부문에 대한 관료의 영향력과 이를 통한 시장의 확산은 이미 불가역적이었다. 이것이 북한의 선군 경제 디자인에서 시장과 계획의 동거 그리고 그 매개자로서의 관료에 주목해야 되는 이유이다.

V. 대북 제재와 북한의 자강전략

2002년 7.1 조치 이후 북한의 개혁 수준에 대해서 여러 가지 문제제기가 있지만, 앞서 설명한 바처럼 그것은 명확히 시장화를 전제로 한 이행기 레짐이었다. 이후 북한의 개혁 정책은 시기별로 진동(oscillation)하지만 그 이유는 매 계기별로 상이하다. 북한의 경제 개혁 조치와 대외 관계의 연관이라는 측면, 즉 제4가설의 입장에서 북한 경제 개혁을 가장 잘 설명하는 기간은 2009년 이후 기간이다.

2002년에 시작된 북한의 개혁은 아쉽게도 2005년 이후부터 조금씩 정체되기 시작한다. 그리고 2006년 이후에는 시장 통제 체제로 회귀했다고 보는 것이 중론이다. 2005년 미국의 BDA 제재가 시작되자[28] 북한에

28_ 2005년 9월 19일 시작된 BDA 제재는 북한의 금 거래와 기타 외화 거래를 사실상 불가능하게 하는 것이었고 결과적으로 북한의 외화 수입원을 차단하여 국가 재정과 민간 시장화 정책에 대한 직접적인 타격으로 되었다. 이에 당군 경제 부문은 경제가 어려워질수록 자원의 독점을 심화시켰고 시장부문으로부터의 착취를 강화하는 식으로 생존을 도모하고자 했다. 반면 일반 경제 부문은 대외관계의 악화와 내부적 착취의 심화로 이중의 고통을 감내해야 한다. 북한경제의 디자인이 이렇게 되어 있기 때문에 대북 제재는 일차적으로 북한의 시장을 위축, 축소시키게 마련이다.

게 대미 억지력의 가시화가 더 중요한 요인이 되기 시작했고 결과적으로 정책 동기는 대외 억지력 형성에 모든 것이 맞추어졌다. 따라서 2006년의 핵 실험을 준비하고 핵 실험 이후의 대결전을 준비하는 이 시기, 북한의 정책 동기를 설명하는 가장 적절한 가설은 제2가설이다.

그러나 2009년에 이르러 북한 체제는 2차 핵실험을 단행한다. 이 시기 이후 북한의 모험주의 전략은 과거의 대미 억지력 형성이라는 방어형에서 공격형으로 전환하는 추세를 보이기 시작했다. 북한 당국이 2009년 이후 대미 관계 정상화 불필요론을 들고 나오고, 사실상의 핵 군축 협상을 의미하는 평화협정을 제기하기 시작한 것은 북한의 수정주의 국가화라는 무시할 수 없는 변화의 결과였다.[29] 2008년 김정은이 사실상의 후계수업을 시작하고 2010년 핵보유국 북한의 후계자임을 공식 선포한 이후 이같은 수정주의 행보는 더욱 과감해졌다. 결과적으로 이 시기 이후 북한의 수정주의 행보는 공격적 성격을 띠게 됨으로서, 정치 군사적 동기를 강조하는 3가설이나 경제적 동기를 강조하는 4가설이 북한의 행태를 더욱 잘 설명하게 되었다.

"세계의 공정한 질서를 세우는데 앞장에 서야 할 큰 나라들까지 제정신을 차리지 못하고 미국의 전횡과 강권에 눌리워 지켜야 할 초보적인 원칙도 서슴없이 줴버리고 있다"는 2013년 1월 24일자 국방위원회 성명은 중국을 겨냥한 것으로 알려져 있는데, 이것은 북한의 모험주의가 중국을 겨냥하여 중국의 대북 지원과 대북 유화 조치를 끌어내기 위한 것이었음을 보여준다. 중국으로부터 대북 지원을 끌어내고 중국을 북한의 동맹

29_ 이정철, "미국의 재균형화와 북한의 수정주의 국가화," 아시아/유럽미래학회, 『유라시아 연구』, 10권 4호 (2013), pp. 143-152.

내에 묶어두는 이 같은 결박(tethering)론적 해석 역시 4가설의 범주에서 설명가능하다.

특히 북한이 2013년 핵-경제 병진노선을 수립한 것은 4가설의 설명력을 더욱 제고시킨다. 핵-경제 병진 노선은 2012년 12월의 로켓 발사, 2013년 2월의 핵실험에 이어 2013년 3월 발표되었다. 이 대결의 과정에서 병진 노선은 북한의 핵 야욕을 의미하는 것으로 해석되었다. 북한이 2013년 헌법에 핵 국가(nuclear state)임을 명기하고 핵개발을 지속하고 있다는 점에서 병진노선은 핵개발을 강조하는 안보 노선이기도 하지만, 동시에 그것은 관료 정치와 경제 돌파 전략의 동학을 내재하고 있기도 했다. 이처럼 당-군간 관료적 이해(bureaucratic rivalry)에 대한 조정 선언이기도 하지만, 동시에 핵개발 정책과 경제 개발 전략 간의 정책 논쟁(Policy priority debates)에 대한 해법이기도 하다는 바로 그 점에서, 병진 노선은 제4가설의 설명력을 가장 잘 드러내는 노선인 셈이다.

북한 당국은 "령도자의 강성부흥구상은 ≪경제≫와 ≪선군≫을 대치시키는 일이 없다"[30]고 강조하여, 1990년대와 같은 선군정치로 돌아가고 싶지 않다는 뜻을 분명히 하였다. 종종 북한이 강조하는 '위협시대의 종결'이나 '자위적 국방력에 의한 국면전환' 등의 모토는 북한의 모험주의가 경제 개발을 목표로 하고 있고 또한 경제 개발을 정책 동기로 삼고 있다는 4가설에 가장 잘 부합하는 표현들이다.[31]

30_ 『조선신보』, 2012년 11월 6일자.

31_ "조선은 일방적인 핵위협공갈시대에 종지부를 찍었다. 인민생활향상과 경제강국건설에 조준을 맞춘 정책의 작성과 추진이 감지되고 있다."(조선신보, 2012년 11월 5일)라는 설명은 4가설의 설명에 가장 부합하는 주장이다. 2015년 초 북한이 핵실험을 강행한 이후에도 7차 당대회의 경제 건설을 강조하는 것 역시 동일한 패턴에서 설명할 수 있을 것이다.

VI. 마치며

수잔 셔크(Susan Shirk)는 덩샤오핑의 개혁이 성공할 수 있었던 요소 중의 하나는 그가 군부의 지지 외에도 연안 개방파들과의 연합에 성공했다는 점이라고 했다. 즉 중국의 미래 동력과 성장 자원인 해외 자본과 연안 개방파들이 덩샤오핑을 지지했기 때문에 중국의 개혁이 성공했다는 의미이다.[32] 그것은 곧 승인(recognition)이 갖는 정치적 효과를 의미하는 사례로 평가된다. 외부로부터의 승인은 곧 내부의 정치 지형을 외부 세력의 기대치에 부합하게 만드는 경향이 있다. 반면 외부 세력과 적대관계를 형성할 경우 지도부는 대외 저항을 위해 국내자원을 최대한 추출하는 경향을 띠게 된다. 국내적 정당성이 약한 정치 지도자가 의도적으로 대외 긴장 관계를 조성하는 것도 이 경향의 동전의 양면이라 할 수 있다. 국내적 정당성 강화 요소에 주안점을 두는 1설은 북한 체제의 정책 동학과 개혁과의 관계를 이렇게 설명할 수 있다.[33]

그러나 2009년 이후 북한의 정책 동학에 변화의 조짐이 보이고 있다. 외부로부터의 제재 상황이 북한 내부의 경제 동학을 침식할 경우, 북한은 매우 공격적인 대외 정책을 실행하기 시작한다는 것이다. 2009년과 2012년 북한의 대외 강경책은 이 같은 취지에서 설명가능하다. 그것은 사실 북한이 대외강경책을 수행하는 것조차도 심지어 그 본질은 경제발전의 환경 구축이라는 의지와 맥이 닿아 있다는 것이다. 이 점에서 2013년에

---

[32]_ 이정철, "북한경제: 개혁개방의 전망과 과제,"『김정일 이후 시대의 한반도(한반도포럼 제3차 학술회의 자료집)』(2012).

[33]_ 한 때 러시아의 삼위일체 불가능성(impossible trinity)에 대해 논의된 적이 있다. 그것은 이행기 체제가 국가 생존(안보)과 민주주의 그리고 시장경제(경제성장) 3가지를 동시에 갖추기가 불가능하다는 뜻이다. 이를 북한의 경우에 비추어 보면 안보문제에 대한 해법이 마련되지 않을 경우 북한 체제가 주변 시장 국가들에 유연한 대응을 하거나 인권 문제 등 내부 민주주의를 해결하기가 어렵다는 뜻으로 독해될 수 있다.

공개적으로 정립된 북한의 핵-경제 병진 노선은 안보 문제가 곧 대미 억지라는 과거의 등식을 후퇴시키고 안보 문제를 경제 발전의 동력 마련 용이라는 식으로 전진 배치시키겠다는 뜻으로 보아야 한다.

북한 경제는 여전히 어려운 상태이지만 일정한 회복세에 놓여 있고 당국은 경제에 대해서 일정한 통제력과 관리능력을 지니고 있다. 앞서 보았듯이 북한은 사회주의를 강조하면서도 시장에 대해서 적대적이지만은 않고, 오히려 시장을 경제 발전 전략의 한 부분으로 간주하고 있다. 안보 문제에 대한 여건이 풀린다면 보다 전향적인 개혁 개방을 기대할 수 있는 조건을 갖추고 있다고 볼 수 있다. 따라서 이미 대미 억지력을 형성했다고 주장하는 북한에게 안보 문제, 즉 새로운 모험주의 조치는 사실상 경제 발전 동력을 마련하기 위한 조치라는 다른 동기를 갖고 있다는 것이다. 이것이 바로 본고가 강조하는 4가설의 요체이다.

대북 제재가 북한 당국을 압박하여 북한의 도발을 약화시켜야 함에도 불구하고, 사실상 제재가 1차적으로는 북한의 시장과 민간 영역을 압박하는데 그치면 북한 당국은 자신들의 군사력을 동원하여 대외 모험주의 공세를 펴게 된다. 제재가 소기의 목적을 달성하기 위해서는 더욱 일방주의적인 강압이 필요하나 사실상 중국이나 한국 등 주변국들은 치킨 게임에 나설 이유가 없다는 점에서 오히려 제재 연합에서 한발을 빼고 협상론을 수용하게 된다. 결국 대북 제재를 위한 국제 레짐은 느슨해지는 결과로 이어진다. 결과적으로 북한의 모험주의가 대북 제재를 약화시키고 북한에 대한 경제 지원을 유도하게 되고, 북한 당국이 그것을 경제의 성장 동력으로 삼는 패턴이 나타난다.

이것이야말로 북한의 개혁 개방과 시장화가 연성국가와 결합되기 보다는 오히려 시장화가 경성 국가와 결합되는 역조합이 나타나고 있는 이유이다. 핵-경제 병진 노선은 이 같은 역조합의 귀결인 셈이다. 기왕에 형성된 경성국가가 시장에 의해 침식되기 보다는, 조심스럽지만 시장을 확장시키고 시장으로부터 잉여를 추출하는 과정이 당분간 계속될듯하다는 예측이 제기되는 근거이다.

참고문헌

고유환. 1997. "북한의 대내정치와 대남정책의 상관성 분석."『동일경세』 1월호:42-52.

김광진. 2008. "북한 외화관리시스템의 변화와 외화의존도의 증대."『수은 북한경제』. 2008년 봄호:19-41.

김원국. 2005. "선군시대 경제건설로선을 철저히 관철하는 것은 인민생활향 상의 확고한 담보."『경제연구』 2005년 3호. 평양: 과학백과사전출 판사. 2005.

김재서. 2004. "선군원칙을 구현한 사회주의경제관리."『경제연구』 2004년 1호.

리기성. 2003. "위대한 령도자 김정일동지께서 새롭게 정립하신 선군시대 사 회주의경제건설로선."『경제연구』. 2003년 2호. 평양: 과학백과사 전출판사.

리영근. 2003. "기업소 경영활동에서 번수입을 늘이기 위한 방도."『경제연구』 2003년 1호. 평양: 과학백과사전출판사.

박형중. 2004. "북한 7·1조치 성과와 경제개혁 전망: 부분개혁과 상품경제 사 이에 선 북한."『통일한국』 2004년 6월호. 평화문제연구소.

서진영·유길재. 1997, "김일성 이후 북한의 대외정책: 초국가적 관계, 국내 정치구조, 대외정책 변화의 동학."『아세아 연구』 40 :43-67.

송종환. 2002.『북한 협상행태의 이해』. 오름.

심은심. 2004. "선군시대 재생산의 몇가지 리론문제."『경제연구』 2004년 2호. 평양: 과학백과사전출판사.

오주철. 2008. "선군시대 경제건설로선은 사회주의경제건설의 본성적요구 를 변함없이 견지하고 높은 수준에서 실현할 수 있게 하는 로선." 『경제연구』 2008년 2호.

이석기 외. 2015.『북한경제 시장화 촉진 방안』. 산업연구원. (근간).

이정철. 2006. "북한의 개방 인식 변화와 新자력갱생론의 등장."『현대북한

연구』. 북한대학원대학:7-40.

_____. 2008. "북한의 의사(疑似) 시장 기제와 생존 전략 연구-이중경제 (Dual Economy)와 버츄얼 경제(Virtual Economy) 전략을 중심으." 『한국과 국제정치』. 2008년 여름호:199-229.

_____. 2010. "논단 : 북한 구획 경제의 한계와 가격 제도 개혁."『통일경제』. 2010년 2월호. 현대경제연구원:89-99.

_____. 2012. "북한경제: 개혁개방의 전망과 과제."『김정일 이후 시대의 한반도』 한반도포럼 제3차 학술회의 자료집.

_____. 2013. "미국의 재균형화와 북한의 수정주의 국가화 ." 아시아/유럽 미래학회. 『유라시아 연구』 2013년. 10(4):135-158.

임수호. 2007.『실존적 억지와 협상을 통한 확산: 북한의 핵정책과 위기 조성외교(1989-2006)』(서울대 박사학위논문).

장덕성. 2007. "국방공업을 우선적으로 발전시키는 것은 전반적 경제발전을 위한 기본담보."『경제연구』 2007년 4호. 평양: 과학백과사전출판사.

장성은. 2002. "공장. 기업소에서 번수입의 본질과 그 분배에서 나서는 원칙적 요구."『경제연구』 2002년 4호. 평양: 과학백과사전출판사.

정영섭. 2006. "선군시대 경제건설로선은 시대와 혁명의 요구를 가장 정확히 반영한 과학적인 로선."『경제연구』 2006년 2호. 평양: 과학백과사전출판사.

조영남. 2006. "위대한 령도자 김정일동지께서 제시하신 선군시대 경제건설로선은 사회주의경제건설의 기본로선의 계승발전."『경제연구』 2006년 4호. 평양: 과학백과사전출판사.

차문석. 2009. "북한 경제의 동학과 잉여의 동선: 특권경제를 중심으로." 『통일문제연구』 51호.

최명해. 2009.『중국-북한 동맹관계: 불편한 동거의 역사』. 서울: 나남.

최완규. 2001. "김정일 정권의 대남정책 변화요인과 방향 연구(1994-

1998): 북한 국내정치와 대남정책과의 상관성을 중심으로."『안보학술논집』.

한규수. 2006. "선군시대 경제건설로선의 기본요구에 맞게 사회적생산부류들 사이의 균형설정에서 나서는 몇 가지 문제."『경제연구』 2006년 1호. 평양: 과학백과사전출판사.

한호석. 2009. "그들은 왜 협상을 포기했을까."
http://www.onekorea.org/2009/jb_090622.html (검색일자 : 2015년 10월 20일).

Gourevitch, Peter. 1978. "The Second Image Reversed: The International Sources of Domestic Politics." *International Organization* vol. 32, no. 4 (Autumn):881-912.

Gourevitch, Peter. 1986. *Politics in Hard Times: Comparative Responses to International Economic Crises,* Cornell U.P.

Kahl, Colin H. and Kenneth N. Waltz. 2012. "Iran and the Bomb - Would a Nuclear Iran Make the Middle East More Secure?." *Foreign Affairs.* September/October.

Kornai, Janos. 1992. *Socialist System,* Princeton Univ. Press.

Mitra, Pradeep K., and Marcelo Selowsky eds. 2002..*Transition: The First Ten Years(World Bank).*

Rose, Gideon. 1998. "Neoclassical Realism and Theories of Foreign Policy." *World Politics.* vol. 51, no. 1 (October):144-172.

Tanzi, Vito, and George Tsibouris. 2000. "Fiscal Reform Over Ten Years of Transition." *IMF.*

Waltz, Kenneth. 1959. *Man, the State, and War,* Columbia U.P.

World Bank. 2002. *Transition: The First Ten Years - Analysis and Lessons for Eastern Europe and the Former Soviet Union.*

『뉴욕타임즈』. 2009년 6월 16일.
『연합통신』. 2009년 06월 29일.
『연합통신』. 2009년 06월 29일.
『조선신보』. 2012년 11월 5일.
『조선신보』. 2012년 11월 6일.

제4장

북한의 핵개발과 대북제재의 경제적 효과: 도발-제재의 모델 분석을 중심으로

이영훈
(SK경영경제연구원 수석연구원)

Ⅰ. 들어가며

북한의 4차 핵실험에 대해 강력한 제재가 가해지고 남북한이 동시에 선제공격용 군사훈련을 진행하는 등 북핵 위기는 갈수록 심화되고 있다. 향후 한반도 정세는 어떻게 전개될 것인가? 본고는 반복되는 북핵 위기 및 대북제재와 관련하여 다음과 같은 문제를 제기하고 이에 답하고자 한다.

첫째, 이번 북핵 위기는 과거와 무엇이 다른가? 과거 패턴의 반복인가 아니면 질적으로 다른 패턴의 등장인가?

둘째, 왜 북핵 위기는 반복되어 나타나는가? 북핵 위기의 메커니즘 및 특징을 살펴보고 북한의 핵개발과 대북제재가 악순환되는 원인을 분석하고자 한다.

셋째, 북한의 핵개발과 대북제재가 어떻게 악순환되며, 대북제재 강화가 어떤 결과를 낳는가? 악순환되는 원인 분석을 토대로 악순환의 메커니즘을 모델화하고, 대북제재 강화의 결과를 시뮬레이션해보고자 한다.

넷째, 이번 제재는 도발과 제재의 악순환 고리를 끊을 수 있는가? 북한의 태도 변화를 유도할 수 있는가를 평가하기 위해 경제적 측면에서 북한의 내구성을 검토하기로 한다.

이상 북한의 핵개발과 대북제재 메커니즘 및 북한경제의 내구성 분석을 토대로 향후 한반도 정세를 전망해 보고자 한다.

분석 방법으로 게임이론과 시스템 다이내믹스(System Dynamics)을 활용하고자 한다. 우선, 게임이론을 적용하는 이유는 각국이 상대의 대응을 고려하면서 정책을 전개해 나가는 게임으로 정세변화를 볼 수 있기 때문이다. 또한 게임이론은 제3자의 관점으로 상황을 보게 한다. 게임이기 때문에 전략적 사고가 중요하고 이를 위해서는 상대의 전략뿐 아니라 제3자의 관점에서 정세를 객관적으로 볼 수 있게 한다는 것이다. 한편 System Dynamics는 복잡계 분석 방법론 중의 하나이며, 복잡한 현상의 구조와 변화를 동시에 분석할 수 있는 방법론이다. 이를 통해 단순화된 게임이론의 분석틀에서 다루지 못한 요인들을 포함하고 동태적인 변화를 분석·전망하려고 한다.

II. 북핵 위기의 특징과 위기 반복의 원인

1. 북핵 위기의 전개 양상 및 특징

북한이 4차 핵실험('수소탄')과 로켓발사로 남한을 포함한 주변국들을 위협하자, 남한과 미국이 THAAD 배치 논의로 중국을 압박하고 중국은 이에 대해 북한에 대한 강력한 경제제재 의사를 밝혔다.

이러한 도발과 제재의 패턴은 이번이 처음이 아니다. 이미 북한은 2006년 9월 북한의 1차 핵실험 이후 3년 주기로 미사일-핵 실험을 하고 국제사회가 제재를 가하는 도발과 제재의 악순환이 반복되어 왔다.[1] 또한 북한이 도발하면 한국과 미국이 중국의 협조를 구하여 북한을 제재하는 패턴도 반복·강화되고 있다. 이러한 도발과 제재의 악순환은 회를 거듭할수록 북한의 핵·미사일 실험 강도가 높아지고 그에 따른 대

1_ △2006.7월 대포동 2호와 UN 대북제재 결의(1695호), 10월 1차 핵실험과 UN 대북제재 결의(1718호), △2009.4월 은하2호와 5월 2차 핵실험, UN 대북제재 결의(1874호), △ 2012.4월 은하3호 실패에 이어 12월 은하3호 재발사와 2013.1월 UN 대북제재 결의(2087 호), 2월 3차 핵실험과 UN 대북제재 결의(2094호) △2015.12월 SLBM 발사, 2016.1월 4차 핵실험 및 2월 장거리 미사일 발사 3월 UN 대북제재 결의(2270호)

북제재도 강화되면서 위기를 심화시키고 있다.

그렇다면 이번 핵 위기는 과거와 무엇이 다른가? 첫째, 북한은 이번 4차 핵실험('수소탄')과 로켓 발사를 통해 수년 내 미 본토 핵공격 능력 확보 및 실전 배치 가능성을 시사했다. 이번 실험을 통해 북한은 핵탄두의 소형화·경량화 및 ICBM의 추진시스템의 성공을 과시했다. 더 나아가 북한은 ICBM의 재진입 및 정밀유도 기술도 확보했다고 주장하고 있다. 한편 미국의 전문가들도 재진입 및 정밀 유도 기술의 확보도 시간문제일 것으로 평가하고 있다.[2]

둘째, 주변국들은 유례없이 강력한 대북제재에 나서고 있다. 특히 중국은 북한에 대한 경제제재를 대폭 강화했다. 북한 대중국 수출의 절반을 차지하는 무연탄과 광물의 수입 금지, 이중용도 품목 수출통제(catch all), 금융거래 제한, 수출입 품목 무조건 검색 등이 그것이다. 2014년 이후 대중국 수출 감소로 북한 경제가 침체국면으로 들어서는 상황에서 강력한 제재가 장기화되면 북한경제는 크게 타격을 받지 않을 수 없다. 이로 인해 일각에서는 북한붕괴론을 다시 제기하고 있다.

셋째, 동시에 협상을 통한 문제해결이 시사되고 있는가 하면,[3] 사드(THAAD: Terminal High Altitude Area Defense) 배치가 전격 추진되고 있기도 하다. 반면 북한의 고각도 미사일 발사 실험이 성공하면서

2_ David Albright와 Joel Witt는 북한이 2020년까지 최대 100개의 핵탄두를 보유할 것으로 전망했고(2015.1), 최근에는 Jeffrey Lewis가 북한이 2015년 군사퍼레이드에서 선보인 KN-08의 탄두 형태를 근거로 북한이 재진입 기술을 확보한 것으로 평가하고 있다. Jeffrey Lewis, "Five Things You Need to Know about Kim Jong Un's Photo Op with the Bomb"-http://38north.org(2016.3.11.)

3_ CSIS(국제전략연구소) 빅터 차 교수는 미국이 25년간 고수해 온 '선 비핵화 후 평화협정' 원칙을 버리고 비핵화와 평화협정 동시 병행론을 수용해 가고 있음을 지적했다. <중앙일보> 2016.2.26. 그는 "지금 최고의 외교는 아무런 대화도 하지 않는 것"이라며 한국의 개성공단 폐쇄를 주장한 바 있는 미국의 한반도 전문가이다.

고(高)고도에서 요격할 수 있는 사드 배치가 거론되고 있다. 그러나 중국은 사드배치를 중국을 겨냥한 미국의 MD체제 구축의 일환으로 보고 반발하고 있다. 중국은 미국이 북한의 비핵화보다 재균형(Rebalancing)을 강화하기 위한 MD구축에 더 많은 관심을 갖고 있다고 불신하고 있다. 이로 인해 대북제재 공조가 약화될 가능성을 내포하고 있다.

<그림 4-1> 4차 핵실험의 영향: 사드배치에 따른 한·중갈등

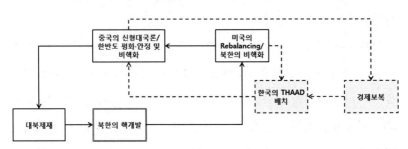

실선: 북한의 3차 핵실험까지의 대북제재 양상
점선: 북한의 4차 핵실험에 따른 추가적 현상(한국의 사드배치와 이에 대한 중국의 보복)

북핵은 갈수록 위협 수위를 높이고 그에 따라 대북제재도 강화되고 있으나, 사드 배치로 잠복되어 있던 미·중갈등이 한중갈등의 형태로 수면 위로 부상하고 있다. 향후 북한 및 국제사회의 대응을 전망하기 위해 먼저, 왜 이러한 악순환이 반복되어 온 것인지 북한의 핵개발과 대북제재의 반복 메커니즘을 규명하고자 한다.

2. 핵 위기가 반복되는 이유

가. 핵 개발의 유인

핵 개발의 유인은 핵 무기의 특성과 억제 체제의 변화라는 두 가지 측면에서 검토해 볼 수 있다. 첫째, 핵무기는 전쟁 양상을 바꾸는 게임 체인저(game changer)다. 핵무장 상황에서의 확전은 핵이 없던 과거 분쟁의 확전과 같을 수가 없다. 핵무기의 파괴력은 살상력뿐 아니라 공포다. 이제 게임의 관건은 심리적 위협이다. 가능성만으로도 경제는 파탄에 이를 수 있다. 이런 점 때문에 핵무기는 전쟁 억지력만이 아니라 의사소통과 협상의 수단으로도 사용된다.

한편 핵무기는 경제적이기도 하다. 폴 브래큰은 냉전시기 미국은 핵무기 덕분에 국방 예산이 경제를 왜곡하지 않는 수준을 유지할 수 있었고, 결과적으로 미국의 번영에 보탬이 되었다고 주장한다.[4] 미국에서도 핵무기는 소련의 팽창, 강압, 압제를 막는데 가장 큰 역할을 했으며, 만약 미국이 이런 대결에서 패했다면 냉전의 역사는 완전히 달라졌을 것이라 평가하고 있다.[5]

둘째, 핵무장의 효용성과 함께 핵 의사결정 주체들의 분권화는 핵무기의 확산 가능성을 높이고 있다. 과거에는 의사결정자가 미국과 소련 두 나라였으나 지금은 독자적인 의사결정자가 다수라는 점이다. 후자를 전자와 구분하여 2차 핵시대[6]라고도 한다. 중국, 러시아, 인도, 파키

4_ 자세한 내용은 Paul Bracken, *The Second Nuclear Age: strategy danger, and the new power politics*, 2012, 이시은 역, 『제2차 핵시대』, 아산정책연구원, 2014, pp. 63~66.
5_ 자세한 내용은 Paul Bracken, 앞의 책, pp. 51~52.
6_ 제1차 핵시대는 미국이 히로시마에 원폭을 투하한 시점이지만 2차 핵시대의 시작은 불분명하다. 중국이 핵무장에 나선 시점을 2차 핵시대로 보기도 한다. Paul Bracken, 앞의 책, pp. 128~131

스탄, 북한 등은 미국의 재래식 군사력과 강압 전술에 의해 '안전해지는' 세상을 바라지 않는다. 이 국가들의 입장에서는 핵폭탄이 너무 위험하다는 점이 미국을 저지할 수 있는 무기가 된다.[7] 더욱이 북핵 문제에 있어서 중국은 미국이 중국을 견제하기 위한 수단으로 활용하고 있다고 판단하고 있어, 미·중 간 이해가 일치하지 않는다.

더욱이 냉전 시대의 양 진영처럼 이런 국가들을 구속할 만한 규율이 없다. NPT(핵무기비확산조약 체제), UN, 세계여론, 세계질서를 보장하는 미국 등 다양한 구조가 존재하지만 핵을 보유하려는 국가들에 미치는 영향은 냉전시대 동맹국들에 미치는 영향력에 크게 못 미친다.

나. 북한 핵무장의 기대효과

북한은 핵 개발을 가장 유용한 체제 유지 수단으로 인식하고 있다. 즉 북한은 군사 및 대남 경쟁력을 강화하여 장기적으로는 경제문제를 해결하고, 그 과정에서 주민통제를 강화할 수 있다는 것이다.

우선, 군사안보적 측면에서 후발 핵 보유국의 건재(인도, 파키스탄, 이스라엘) 및 핵 포기 국가들의 사례(리비아, 이라크, 우크라이나 사태 등)는 북한의 핵 보유 필요성을 한층 강화해주고 있다. 일례로 북한은 "리비아 핵 포기 방식이란 바로 안전담보와 관계 개선이라는 사탕발림으로 상대를 얼려 넘겨 무장해제를 성사시킨 다음 군사적으로 덮치는 침략 방식이라는 것이 드러났다"고 말했다. 그러면서 "지구상에 강권과 전횡이 존재하는 한 자기 힘이 있어야 평화를 수호할 수 있다는 진리가 다시금 확증됐다"고 주장한 바 있다.[8]

7_ Paul Bracken, 앞의 책, pp. 13~14.

둘째, 남한과의 군비경쟁 측면에서 북한의 경제규모는 남한의 1/40에 불과한 상황에서 재래식 전력의 경쟁으로는 남한과 경쟁할 수 없다. 핵이라는 비대칭전력을 유지함으로써 군사력 우위를 확보해야만 흡수통일을 면할 수 있다. 물론 핵개발에 투입되는 비용도 적지 않지만, 비용 대비 효과를 고려하면 핵개발은 재래식 무기 개발에 비할 바가 아니다.[9] 미국이 소련과의 경쟁에서 승리할 수 있었던 이유 중의 하나는 핵무기 개발을 통해 인적·물적 자원을 절약하면서 경제와 군사력을 강화할 수 있었기 때문이다.

셋째, 경제적 측면에서 북한은 경제문제를 본격적으로 해결하기 위해서도 미국과의 협상이 불가피하며, 협상이 가능하기 위해서는 북한의 핵능력이 미국을 위협할 수 있어야 한다고 판단한다. 북한 경제성장의 가장 큰 문제는 자금 확보이다. 개혁은 인센티브를 개선하지만, 인센티브를 채워줄 자금이 유입되지 않으면 개혁의 효과는 제한적이기 때문이다. 이를 해결하기 위해서는 국제금융을 지배하고 있는 미국과의 관계 정상화가 전제되어야 한다. 미국과의 관계가 정상화되어야 국제금융기관의 지원이 가능하며 이를 신호로 FDI의 유입이 본격화될 수 있기 때문이다. 이는 북한의 미래 비전으로 관심을 모으고 있는 베트남, 미얀마 등의 사례가 입증하고 있다.

이처럼 북한의 핵개발 유인과 기대효과는 큰 반면, 북한에 대한 제재는 핵 보유국들의 분권화로 인해 엄격하게 지속되기 어려운 한계를 안고 있다. 바로 이러한 점이 북한의 핵 개발과 제재의 악순환이 발생하

8_ <조선중앙통신>, 2011.3.22
9_ 김정은은 경제-핵무력 병진노선에 대해 "국방비를 추가적으로 늘리지 않고도 전쟁 억제력과 방위력의 효과를 결정적으로 높임으로써 경제건설과 인민생활향상에 힘을 집중할 수 있는 방도"라고 주장한 바 있다.

는 이유가 된다. 그렇다면 북한 핵개발과 제재의 악순환이 어떻게 나타나는지 그리고 제재가 강화되면 그 결과는 어떠한지를 보기로 한다.

Ⅲ. 북한 핵개발과 대북제재 모델 분석

1. 치킨게임을 통해 본 북핵 문제

북한에서 핵개발은 매우 위험한 선택이기는 하지만, 핵 개발의 이득이 대북제재에 따른 손실보다 크다는 인식이 바탕이 된다. 이러한 판단이 북한의 위험선호적(risk lover) 성향을 낳게 되고, '벼랑끝 전술'을 구사하게 한다.

이러한 경향 때문에 북한의 핵 개발은 미국을 포함한 핵보유국들과의 치킨 게임(Chicken Game, 겁쟁이게임)을 전개해 왔다고 말할 수 있다. 일반적으로 치킨게임의 내쉬균형(Nash Equilibrium)[10]은 '직진·회피' 일 것이다. <표 4-1>에서 보면 (2,4) 또는 (4,2)가 된다. 즉 어느 한쪽이 직진하면 다른 한쪽이 회피하는 것이 서로 직진하거나 회피하는 것보다 득이 된다는 것이다.

〈표 4-1〉 chicken game(겁쟁이게임)의 보수행렬

		B	
		직진	회피
A	직진	(1, 1)	(4, 2)
	회피	(2, 4)	(3, 3)

10_ 서로 가장 좋은 전략의 조합을 의미한다.

대표적 사례는 미국이 행한 이스라엘과 이란 간의 전쟁게임(War Game) 결과이다. 핵 무장 상태에서의 이스라엘과 이란 간 전쟁게임에서 이란의 재래식 공격을 받은 이스라엘은 극심한 혼란에 빠지면서 확전을 피했다. 이란의 핵 전력이 매우 빈약함에도 이스라엘은 핵 전쟁의 공포 때문에 핵 무장 이전의 대응과는 정반대의 모습('겁쟁이')을 보인 것이다.[11]

2. 혼합전략게임

치킨게임을 보다 현실에 가깝게 접근하기 위해 혼합전략게임(mixed-strategy game)을 적용해 보기로 한다. 실제 많은 경우의 게임은 대안을 한 가지로 정하지 않고 상대의 대응을 고려하여 확률적으로 선택하기 때문이다. 바둑, 스포츠, 기업 및 국가들 간 경쟁의 경우 각각의 의사결정이 서로 의존하고 있어서 의사결정의 피드백이 1회에 끝나는 것이 아니라 연속적으로 전개된다. 이러한 경우는 확률적으로 전략을 선택하는 혼합전략게임을 적용하게 된다.

모델에 반영할 북한의 도발과 핵보유국들(UN안보리상임이사국, 이하 국제사회로 통칭)의 제재 간 게임의 특성은 다음과 같다. 범법자의 도발과 경찰의 제재 간 게임을 연상하면 게임의 구조를 이해하기 쉽다. ① 북한의 핵개발은 대북제재를 수반하지만, 그에 대한 북한의 기대효과는 매우 커서 도발할 가능성(확률)이 있다. ② 북한의 핵개발에 대해

11_ Paul Bracken, *The Second Nuclear Age: strategy danger, and the new power politics*, 2012, 이시은 역,『제2차 핵시대』, 아산정책연구원, 2014, pp. 30~47. 이는 미국의 군사 관련 싱크탱크들이 참여한 전쟁게임(war game)의 결과인데, 미국은 이러한 전쟁게임을 계기로 이란 핵 확산의 가속화에 대해 심각하게 우려하게 되었다고 한다.

국제사회는 제재할 가능성이 크지만, 핵보유국 간 갈등의 여지가 있어 반드시 제재를 가하는 것은 아니다. ③ 북한과 국제사회는 각각 서로의 대응을 고려하여 북한은 도발 또는 국제법 준수, 국제사회는 제재 또는 방치라는 의사결정을 한다. ④ 제재 확률이 높아지면 북한의 도발 확률이 낮아지지만, 제재 확률이 낮아지면 북한의 도발 확률은 높아진다.

그런데 앞에서의 치킨게임의 보수는 효용이지만, 혼합전략게임의 보수는 기대효용이다. 기대효용은 주어진 효용에 확률을 곱하여 구하게 된다. 우선 보수행렬표에서 a1, b1, c1, d1은 북한의 효용(보수)을 의미하며 a2, b2, c2, d2는 국제사회의 효용을 의미한다. 예를 들어 a1은 북한의 핵실험 등의 도발을 하고 국제사회로부터 제재를 받게 될 때의 효용을 의미한다. 국제사회가 제재를 가할 때는 북한이 자제하는 것이 도발하는 것보다 북한에 유리할 것이므로 c1 > a1 이라 가정할 수 있다. 또한 국제사회가 방치할 때는 북한이 도발하는 것이 자제하는 것보다 북한에 유리할 것이므로 b1 > d1 이라 가정할 수 있다.

〈표 4-2〉 북한과 핵보유국의 보수 행렬표

		핵보유국	
		제재	방치
북한	도발	(a1, a2)	(b1, b2)
	준수(자제)	(c1, c2)	(d1, d2)

다음으로 북한이 도발할 확률을 p^*, 핵보유국들이 제재할 확률을 q^*라 하면, 북한은 도발할 경우와 준수(자제)할 경우 각각 다음과 같은 기대효용을 얻게 된다.

북한의 도발의 기대효용 $= q^* \times a1 + (1 - q^*) \times b1$

북한의 준수의 기대효용 $= q^* \times c1 + (1 - q^*) \times d1$

한편 p^*와 q^*는 각각 다음과 같은 수식에 의해 결정된다.[12] 여기서 주목할 점은 북한의 도발 확률을 결정하는 것은 북한의 효용이 아니라 상대방, 즉 핵 보유국의 효용이 고려된다는 것이다. 즉 북한의 도발 확률은 핵 보유국의 효용에 의해 결정된다는 점이다.

$$p^* = (d2 - c2) / (a2 - b2 + d2 - c2)$$
$$q^* = (b1 - d1) / (b1 - d1 + c1 - a1)$$

<표 4-1> 치킨게임의 보수행렬은 c1>a1, b1>d1, a2>b2, d2>c2라는 혼합전략게임의 조건을 충족한다. 따라서 논의의 편의상 치킨게임의 보수행렬을 그대로 적용하기로 한다. 참고로 효용은 주관적 만족이므로 절대적 크기가 아니라 상대적 크기(서수적 효용)로 논의되며, 게임이 성립하기 위한 조건의 충족도 상대적 크기를 기준으로 논의된다.

이 경우 북한의 도발 확률과 핵 보유국의 제재 확률을 구하면 다음과 같다. 여기 제시된 확률의 경우도 절대적 수치는 예시에 불과하며, 제재의 확률이 도발의 확률보다 크다는 것만이 의미가 있을 뿐이다.

12_ P. C. Ordeshook, *Game Theory and Political Theory*, Cambridge University Press, 1986, G. Tsebelis, "The Abuse of Probability in Political Analysis: The Robinson Crusoe Fallacy," *American Political Science Review*, 83(1), 1989. 김도훈·문태훈·김동환, 『시스템다이내믹스』, 대영문화사, 1999, p. 201 재인용

		핵보유국	
		제재(직진)	방치(회피)
북한	도발(직진)	(1, 1)	(4, 2)
	준수(회피)	(2, 4)	(3, 3)

$$p^*(\text{북한의 도발 확률}) = (3-2)/(4-1+3-2) = 0.25$$

$$q^*(\text{핵보유국의 제재 확률}) = (4-2)/(4-2+3-1) = 0.5$$

3. 시스템다이내믹스 모델과 시사점

이러한 피드백 루프의 구조를 지닌 혼합전략게임은 시스템다이내믹스로 전환하면 북한의 도발과 핵보유국의 제재가 맞물려 돌아가는 동태적 과정을 관찰할 수 있을 뿐만 아니라 다양한 정책 시뮬레이션이 가능하다.[13]

우선, 앞에서 보았듯이 기대효용은 확률과 효용이 결합되어 결정된다. 이어 결정된 기대효용이 변함에 따라 확률은 변한다. 여기서는 기대효용의 차이와 확률의 변화를 선형관계로 설정하였다.[14] 예를 들어 도발의 기대효용이 준수의 기대효용보다 크다면 도발의 확률이 비례적으로 커진다는 의미이다.[15]

---

[13]_ 본고에서의 핵보유국과 북한 간 게임모델은 G. Tsebelis(1989)의 경찰과 운전자간 혼합전략게임 모델(김도훈·문태훈·김동환, 앞의 책, pp. 199~212)을 응용한 것이다.

[14]_ 비선형관계를 가정하면 보다 다이내믹한 결과를 얻을 수 있으나 논의를 단순화하기 위해 선형관계를 가정하였다.

[15]_ 모델에서는 확률의 변화를 핵보유국 내에서 제재에 동참하는 국가와 방치하는 국가의 비율 변화, 북한 내에서 도발에 찬성하는 집단과 반대하는 집단의 비율 변화로 표현했다.

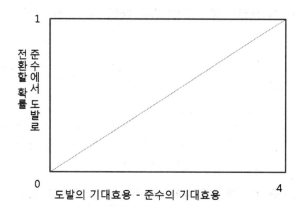

〈그림 4-2〉 기대효용의 차이와 확률의 변화

준수에서 도발로 전환할 확률

0 도발의 기대효용 - 준수의 기대효용 4

만약 핵보유국의 제재 확률이 높아지면, 북한은 도발로 인한 기대효용이 감소하며 준수에 따른 기대효용이 증가한다. 이는 북한의 도발 확률을 낮추게 되며, 마찬가지의 논리로 인해 핵 보유국의 방치 기대효용을 높임으로써 제재 확률을 낮추게 되며, 다시금 북한의 핵도발 확률을 증가시킨다.

이러한 논리를 반영한 시스템다이내믹스를 통해 대북제재 강화의 결과를 시뮬레이션 해보기로 하자(시뮬레이션 모델은 부록을 참조). 도발과 제재의 게임을 동태적으로 보면, 앞의 계산처럼 북한의 도발확률은 0.25, 핵보유국의 제재확률은 0.5로 수렴된다. 그러나 대북제재가 강화되면, 북한의 도발확률은 일시적으로 하락할 뿐 과거의 수준을 회복한다. 또한 제재 확률은 일정 기간이 지나면 평소보다 떨어지는 것으로 나타나고 있다.

〈그림 4-3〉 도발-제재의 균형 및 제재 강화의 영향 시뮬레이션 결과

일상적 제재의 영향(실선: 도발 확률, 점선: 제재 확률)

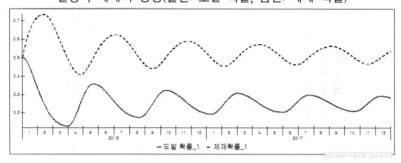

강화된 제재의 영향(실선: 도발 확률, 점선: 제재 확률)

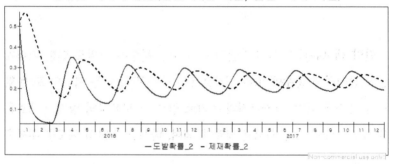

이는 게임의 구조가 바뀌지 않았기 때문이다. 즉 북한의 내구성이 받쳐주는 한 핵 개발의 효용이 크기 때문에 북한은 급한 대로 제재국면만 피하면 된다고 판단한다. 한편 핵 보유국들은 서로 이해관계가 다르기 때문에 일시적으로 제재를 강하게 할 뿐 시간이 지나면 제재가 완화될 수 있음을 시사한다. 이러한 시뮬레이션 결과는 지금까지 북한의 도발과 국제사회의 제재의 역사와 다르지 않다.

그렇다면 전례없이 강력한 대북제재가 가해지고 있는데, 이에 대한 북한의 내구성은 어떠한가? 게임의 구조를 바꿀 수 있는가?

Ⅳ. 북한 경제의 내구성 및 대북제재의 영향 평가

1. 대북제재의 주요 내용

중국의 대북제재 주된 내용은 △무연탄, 광물, 항공유 등의 대북한 수출 통제, △이중용도 품목의 수출 통제(catch all), △금융거래 제한, △수출입 화물 무조건 검색, △항공기 이착륙 등 항공 및 해운 봉쇄 등이다. 단, 민생용 수출입 및 노동자 파견을 허용한다. 북한을 막다른 골목으로 몰지는 않겠다는 것이다.

더욱이 민생용 허용, 이중용도 품목 수출 통제(catch all), 수출입화물 무조건 검색 등의 조항은 북중 양국의 정치 관계에 따라 제재의 폭이 크게 달라질 수 있음을 시사한다. 다만, 북한경제가 침체 국면에 접어들 조짐을 보이던 시기에 취해진 조치여서 만약, 대북제재가 장기화되면 악영향이 클 것이라 전망된다. 2014년부터 북중무역이 감소 추세를 보이면서, 북한경제가 저성장의 늪에 빠질 가능성마저 예견되었던 시점이었기 때문이다. 이런 전망은 대중국 수출의 절반을 차지하는 무연탄과 철광석 등의 수출단가가 급락해 왔고(2011년 대비 2015년 무연탄의 단가는 52%, 철광석의 단가는 36%로 하락) 이러한 추세는 향후 수년간 중국의 과잉투자 부작용이 해소되기 전까지는 개선되지 않을 것이란 판단에 근거한다.

〈그림 4-4〉 북중무역 및 수출 무연탄과 철광석의 단가 추이

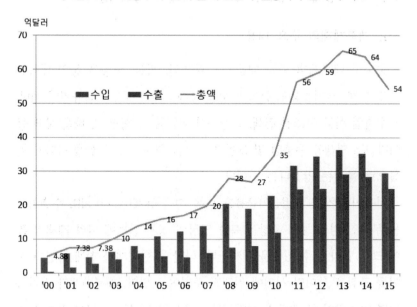

출처: 한국무역협회

2. 북한의 내구성 검토

가. 내구성 결정요인

경제적 측면에서 북한의 내구성16은 첫째, 북한 경제의 자립도 수준에 의해 평가되어야 할 것이다. 만약 자립적인 경제구조라면 외부의 충격에도 영향을 크게 받지 않을 것이나, 반대의 경우라면 조그만 외부의 충격에도 견디기 어려울 수 있을 것이다. 둘째, 북한의 경제자립도는 총량과 핵심부문으로 구분하여 접근할 필요가 있다. 선택과 집중에 의해 자원배분이 이루어지기 때문이다. 즉 주요 부분에서 받는 영향이 약하다면 전체 충격은 약화될 수 있다. 방어를 할 때 주요 길목을 지키는 원리와 비슷하다. 셋째, 핵심부문으로는 식량과 에너지 사정 그리고 정부 정책을 들 수 있다. 식량과 에너지는 생존과 경제활동의 기본 요소이기 때문에 이들의 자립도 여부는 안보 차원에서 매우 중요한 의미를 갖는다. 이들의 중요성은 우리가 일상에서 사용하는 '식량안보'와 '에너지안보'라는 용어에서도 드러난다. 또한 동시에 정부의 대응 능력이 중요한 의미를 갖는다. 본고에서는 정부 재정을 중심으로 평가하기로 한다. 만약 식량과 에너지의 자립도가 높더라도 북한 당국이 자원배분을 제대로 관리·통제하지 못한다면 공급부족(shortage)의 문제가 심화될 수 있다.

16_ 대북 경제제재 상황에서 북한의 내구성은 경제, 역사, 정치사회적 요인 등 다양한 요인들에 의해 결정될 것이다. 위기 상황에서는 역사적 경험, 심리적 요인들도 경제적 요인 못지않게 중요할 것이기 때문이다. 북한의 역사적 경험을 예로 들면, 한국전쟁 이후부터 미국의 경제제재를 받아왔고, 1990년대 9년간의 마이너스 성장과 고난의 행군을 경험했다. 정치사회적 요인을 들면 북한은 유일 독재체제이다. '인권'의 개념이 통하지 않는 사회로서 정권 유지를 위해서는 어떠한 희생도 불사할 수 있다는 것이다. 이러한 역사 및 정치사회적 요인은 북한의 내구성에 상당한 영향을 미칠 것이다. 그러나 본 연구에서는 어느 정도 정량화가 가능한 경제적 요인에 국한하기로 한다.

나. 북한의 대외의존도

우선, 총량적으로 북한의 경제자립도는 대외의존도(무역/GNI)를 통해 볼 수 있다. 북한의 대외무역은 북핵문제의 영향을 크게 받으면서 변해왔다. 2006년 북한의 미사일 및 1차 핵실험 이후 국제사회의 대북제재가 본격화되면서 무역 상대국이 줄었다. 그럼에도 대외의존도가 지속적으로 증가한 것은 중국이 이를 대체해 왔기 때문이다. 2014년 북한의 대외의존도는 43.6%(76.1억 달러/174.6억 달러[17])로 남한의 절반 수준(2014년 남한의 대외의존도는 99.5%)에 해당한다. 한편, 2014년 북한의 대중국의존도(대중국무역/북한GNI)는 36.4%로 매우 높은 편이다.

〈그림 4-5〉 북한의 대외의존도 및 대중국의존도 변화

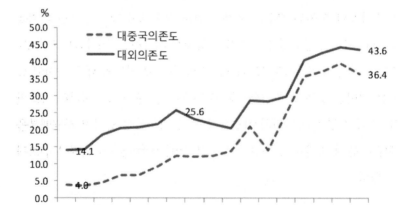

출처: UN통계, 한국무역협회

17_ UN의 2014년 북한 GNI 추정치임. 한국은행이 추정한 2011년 GDP는 331억 달러, 1인당 GDP는 1,361달러이나, 이는 남한의 가격과 환율을 적용한 것으로 남북한 경제력 격차를 비교하는 데 유용하며 대외의존도 등을 비교하는 데는 적합하지 않다.

다. 식량

1) 식량 자급 현황

2014년 북한의 식량 공급량은 최소 소요량(minimum requirement) 542만톤에 근접해 있다. 따라서 1990년대처럼 굶어 죽는 사람이 발생할 정도는 아닌 상태이다. 더욱이 북한의 식량 총공급에서 외부 도입량이 줄고 자체 생산량 비중이 증가하여 FAO 통계를 기준으로 볼 때, 2014년 식량자급률(자체 생산량/총공급량)은 90%를 상회하고 있다. 이러한 식량증산에 따른 식량자급률(최소소요량 기준) 개선 상황을 고려할 때, 대북제재 하에서도 식량증산 추이가 지속된다면 식량문제가 내구성을 약화시키지는 않을 것으로 보인다. 그렇다면 식량증산 추이는 지속될 것인가? 만약 식량증산의 원인이 외부에 있다면 대북제재의 영향은 클 수 있다. 그러나 식량증산의 원인이 내부에 있다면 대북제재의 영향은 작을 것이다.

〈표 4-3〉 식량수급 동향

(만톤)

		2009	2010	2011	2012	2013	2014	2015
생산량	농촌진흥청	411	·	·	468	481	480	450
	FAQ	441	450	469	504	512	504	·
도입량		51	41	42	33	30	30	·
최소소요량		529	531	534	536	539	542	·
순부족량		37	40	23	-1	-3	8	·

* 순부족량은 FAQ의 추정을 기준으로 하였음

출처: 김영훈, "북한의 농업실태와 비료공급현황," p. 8, "2015년 북한 곡물생산 동향과 전망," p. 49.

2) 식량증산의 원인

북한의 식량은 2000년대 후반 이후 지속적으로 증산되고 있다. 그 원인에 대해서는 종자개량, 농업개혁, 비료투입 증가 등이 제시되고 있다. 여기서 검토해야 할 부분은 식량증산 효과[18]가 큰 비료공급의 원천이다. 다른 요인들은 전적으로 내적 요인이기 때문이다.

그런데 최근 북한의 비료생산에 있어 수입대체가 진척되고 있다고 한다.[19] 그로 인해 북한의 비료 수입은 2011년 이후 감소하고 있다. 2011년 35만톤에서 꾸준히 감소하여 2015년에는 6.7만톤으로 줄었다. 이는 한국은행 추정치에서도 부분적으로 드러난다.[20]

라. 에너지

1) 에너지 자급 현황

공식 통계상에서 북한의 에너지 대외의존도는 6.6%에 불과하다. 2014년 에너지 총공급은 11,050천 TEO이며 이중 석유가 차지하는 비중이 6.6%이고, 석유를 제외한 에너지원은 자체 공급되고 있음을 반영한다.[21] 또한 1990년대 들어 원유 공급이 크게 줄었고, 이후 그 상태에서 크게 벗어나지 못하고 있다.

18_ 권태진은 북한에서 비료 1톤을 추가로 투입하면 2톤 정도 곡물을 더 생산한다고 평가했다. <자유아시아방송>, 2013.6.13.

19_ 심완섭·이석기·이승엽, 『북한의 화학산업 역량 재평가와 남북경협에 대한 시사점』, 산업연구원, 2015.12, p. 140. 또한 자유아시아방송(2015.4.21.)은 북한의 소식통을 인용해 2015년 비료생산이 크게 증가했으며, 이는 러시아에서 대량의 원유 수입이 증가한데 기인한 것으로 보도한 바 있다. 반면 김영훈은 2015년 식량생산 감소 원인을 기상악화와 함께 비료투입 감소를 들고 있다. 비료수입 감소가 비료투입 감소로 이어졌다는 것이다(김영훈, "2015년 북한 곡물생산 동향과 향후 전망", 『KDI 북한경제리뷰』, 2016.1월호, p. 49). 그러나 권태진은 비료의 효과가 커서 외화부족이 비료수입 감소의 요인이 될 수 없다고 평가하고 있다. <자유아시아방송>, 2013.6.13.

20_ 한국은행에 따르면 북한의 비료생산은 2010년 45.9만 톤에서 2014년 50.2만 톤으로 증가했다.

21_ KDB산업은행, 『북한의 산업 2015』, p. 138

<표 4-4> 에너지 공급 구성비(2014년)

에너지총공급	에너지원별 공급 비중			
	석탄	석유	수력	기타
11,050(천TEO)	52.6%	6.6%	29.4%	11.4%

출처: KDB산업은행, 『북한의 산업』, 2015

이처럼 석유에 대한 의존도가 낮은 것은 북한이 수송용, 군수용 등과 같이 필수적인 이용 분야에만 석유를 공급하고 그 이외의 부문에 대해서는 석유소비를 제한하는 정책기조를 유지해 온 데 기인한다. 그러나 석유의 영향력은 대외의존도에 비해 훨씬 클 것이다. 일례로 석유 수입이 중단되면 대부분의 수송체계는 마비될 것이기 때문이다.

2) 대북제재의 영향

이번 대북제재에서 원유공급은 제재항목에서 제외된 반면, 항공유는 제재대상에 포함되어 있다. 또한 민생용 수입은 허용하지만 선박운항 제재 및 수출입 품목의 무조건 검색 조항이 있어 항공유 외의 석유제품 수입에도 영향을 미칠 것으로 보인다. 2014년 공식 통계를 기준으로 볼 때, 북한은 원유 53만 톤과 석유제품 20만 톤을 수입했는데, 이번 제제로 인해 석유제품 20만 톤 가운데 항공유와 선박운항 제제 및 무조건 검색으로 휘발유 등 일부 석유제품을 수입하기 어렵다는 것이다.

따라서 석유제품을 기준으로 볼 때, 중국이 민생용을 불문하고 석유제품 수출을 차단한다면 68만 톤 공급 중 20만 톤이 줄어들게 된다. 그 외 비공식 석유수입(밀수)도 대북제재로 타격을 받을 것으로 보인다. 석유의 밀수 규모를 정확히 파악하기 어려우나 에너지경제연구원은 연간 3~5만 톤 정도로 추정하고 있다.[22] 따라서 중국이 선박운항 제재 및 수출입 품목의 무조건 검색을 강화하면, 북한의 석유수급에 영향을 크게 미치게 될 것이다.

<表 4-5> 석유 공급 및 소비 추정(2014년)

(만톤)

수입과 소비		규모	비고	수입루트
수입	원유(→석유제품생산)	53(48)	원유(정제유)	송유관
	석유제품	20		송유관/해상
공급	석유제품 공급	68	정제유+수입제품	
소비	발전용	21	정제과정에서 생산된 중유	
	최종 소비	47	수입제품+(정제유-중유)	

출처: 김경술, "유엔 대북제재 결의 2270호의 북한 에너지 수급 영향", 2016.3 참조하여 작성

한편 최근 북한에서 새롭게 부상하고 있는 에너지원이 있다. 이는 기존 통계에는 반영되어 있지 않은 태양광 발전이다. 북한은 2013년부터 신재생에너지의 개발에 힘을 기울여 2013년 「재생에네르기법」을 제정하기도 했다.[23] 한편 태양광 패널 관련 제품 수입은 2012년 1만 8천 달러에서 2014년 70만 2천 달러로 급증하고 있다.[24]

아직 그 규모는 크지 않지만 태양광 패널은 일반 가정의 전력 부족 문제를 해결하는 데 기여하고 있다. 필자가 2015년 개성을 방문했을 때 가장 인상적인 풍경이 웬만한 가정집에는 태양광 패널이 설치되어 있었다는 점이다.

22_ 김경술, "유엔 대북제재 결의 2270호의 북한 에너지 수급 영향", 2016.3, p. 14.
23_ 북한은 이 법이 신재생에너지 산업을 활성화해 경제를 지속적으로 발전시키고 국토 환경을 보호하는 것을 목적으로 삼고 있다고 밝히고 있다.
24_ 한국무역협회

향후 태양광 발전 북한의 전력사정에 미칠 영향을 추정해보기로 한다. 우선, 현재 북한의 경우 가구당 월평균 전력 사용량은 남한(250kWh)의 7.3%인 18.3kWh로 추정해 볼 수 있다. 이는 미국의 항공우주국(NASA) 이 발표한 남북한 전력소비량 격차[25]를 적용하여 구한 수치이다.

그렇다면 가정용 미니 태양광 패널 200W짜리 하나를 설치하면 월 약 24kWh (200W×4h×30일)를 소비할 수 있어 가정용 전력 부족의 문제는 크게 완화될 수 있다.[26] 문제는 가격인데, 현재 북한 장마당에서 태양광 패널 20W 짜리가 30달러(한화 3만6000원)에 거래되고 있다고 한다.[27] 따라서 300달러 정도를 지불하면 한 가정에서 필요한 전력을 확보할 수 있다는 것이다.[28] 최근 개성공단 근로자의 월 임금이 150달러였음을 고려하면, 부유층의 경우 가정용 태양광 패널을 통해 전력을 확보하는 것은 큰 부담이 아닐 수 있다.[29] 더욱이 전 세계적으로 태양광 발전은 기술혁신에 따른 비용절감으로 예상보다 훨씬 빠른 속도로 성장하고 있다.[30]

25_ NASA에 따르면, 북한의 전력소비량은 시간당 739kW로서 한국의 전력소비량 1만 162kW의 7.3%에 불과하다고 밝히고 있다. 미국의 소리(VOA), "우주인이 바라 본 한반도 사진, 북한은 여전히 암흑", 2015.12.3, KDB산업은행, 『북한의 산업 2015』, p. 186에서 재인용

26_ 남한의 경우 2014년 가구당 월평균 전력 사용량은 250kWh이다. 이 정도의 전력 소비를 충족시키려면 태양광 발전 패널 12개를 연결할 매우 넓은 공간이 필요하다. 따라서 일부 전력사용을 절감하는 방안으로 발코니에 설치할 수 있는 미니 태양광 발전 시설을 선호하고 있다. 미니 태양광은 160W와 250W 두 종류로 모델에 따라 각각 한달에 15kWh, 24kWh의 전기를 생산하게 된다. "주택용 태양광 발전과 관련된 정부 지원정책 정리", SNE 리서치(http://www.sneresearch.com/kor)

27_ 고수석의 <대동강 생생 토크> 대북제재 에너지난 버티자···평양 버스에도 태양광 패널, 중앙일보, 2016.3.8

28_ 그 외 태양광 패널과 함께 축전지와 전력전환 장치(inverter)가 필요한데, 장마당에서 거래될 때, 이들 축전지와 인버터가 패양광 패널과 함께 하나의 세트로 거래되는지 아니면 별도로 거래되는지는 확인되지 않는다. 본 고에서는 이들에 대한 별도의 언급이 없어 하나의 세트로 거래되는 것으로 가정하였다.

29_ 현재 북한의 태양광 발전의 주된 영역이 가정용 및 가로등 정도에 국한되고 있고 사회간접자본(SOC)으로 확대되는 정도는 아니다.

3. 대북제재의 영향 종합 평가

대북제재의 영향을 모델을 통해 시뮬레이션해볼 수도 있고 과거의 사례를 통해 살펴볼 수도 있다. 본고에서는 통계자료의 제약으로 모델 분석보다 과거 사례와의 비교를 통해 대북제재의 영향을 간접적으로 평가해 보기로 한다.

우선, 경제는 국민소득(C+I+G+(X-IM))에 영향을 미치는 요인들이 상호 작용하는 '시스템'으로 간주할 수 있다. 이들 요인들 가운데, 대북제재의 영향을 평가하기 위해 △대북제제 대상, △주요 변수, △통계의 신뢰도 등을 고려하여 다음과 같은 통계들을 선별하였다.

〈표 4-6〉 북한의 주요 경제 통계 현황(1999~2014)

	1인당 GNI	식량생산	재정	무역총액	무연탄 수출	철광수출	원유 도입량	석유제품수입
	(달러)	(천톤)	(억달러)	(억달러)	(백만달러)	(백만달러)	(천배럴)	(천배럴)
1999	83.3	4,222		14.8	2	2	2,325	406
2004	101.5	4,311	25.1	28.6	53	59	3,900	1181
2009	119.0	4,108	35.9	34.1	212	72	3,812	843
2014	138.8	4,802	71	76.1	1,146	339	3,885	1372

출처: 한국무역협회, 한국은행 등

30_ 2030년 태양광 발전에 대한 2013년 전망치는 2006년 전망치의 4.9배에 달한다. 이는 태양광 및 풍력 발전 비용이 빠른 속도로 하락하고 있기 때문이다. 앞으로도 태양광의 경우 10년간 매년 5~8% 수준으로 비용이 하락할 것으로 전망되고 있어 태양광 발전은 2020년에 이르면 경쟁력이 가장 높은 발전원 기술이 될 것이다. 태양광의 경우, 2014년 94€/MWh에서 2020년에는 51~5894€/MWh로 하락할 전망이다.(IEA World Energy Outlook, IHS의 보고서 등)

다음으로 이들 변수들을 중심으로 북한 경제 시스템의 변화를 지수화하여 하나의 그림으로 비교해 보자. <그림 4-6>은 2014년의 통계들을 100으로 지수화하여 5년 간격의 변화를 묘사한 한 것이다.

이번 중국의 대북제재가 강화되면 무연탄과 철광의 수출이 크게 감소하고, 해상운송의 제재로 석유제품의 수입도 제한될 것이다. 그로 인해 무역의 규모도 크게 줄어들 것이라 예상해 볼 수 있다. 2009년의 경우 대외 지표들은 이번 대북제재의 내용과 비슷하며 이번 대북제재의 강도보다 세다고 할 수 있을 것이다.

따라서 북중관계가 악화되어 대북제재가 엄격하게 장기화된다면 북한 경제는 무역이 급증하기 전인 2010년 이전(<그림 4-5> 북중무역 추이 참조)의 상황으로 퇴행할 수도 있음을 시사한다. 그렇다고 1990년대의 고난의 행군기의 상황으로 퇴행하지는 않을 것이다. 식량사정이나 원유공급 등의 여타 여건들이 유지되고 있기 때문이다.

〈그림 4-6〉 북한의 주요경제지표 변화(2014년 통계 기준)

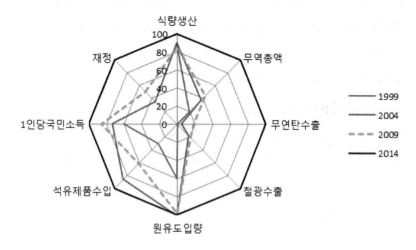

V. 마치며: 시사점 및 전망

분석 결과 문제제기에 대한 답을 순서대로 정리하고 시사점을 도출해 보면 다음과 같다.

첫째, 북한은 4차 핵실험('수소탄')과 로켓 발사를 통해 수년 내 미 본토 핵공격 능력 확보 및 실전 배치 가능성을 시사했다. 그에 대응하여 주변국들은 유례없이 강력한 대북제재에 나서고 있다. 그러나 사드 배치가 전격 추진되면서 중국과 러시아가 강하게 반발하고 있다. 북한의 4차 핵실험을 계기로 심화되고 있던 미·중 갈등이 수면 위로 부상하고 있는 것이다. 이런 측면에서 4차 핵실험과 그에 따른 사드 배치는 한·미·일과 북·중·러가 본격 대립하는 신냉전의 계기가 될 수도 있을 것으로 보인다.

둘째, 북한의 핵 개발과 제재의 악순환이 발생하는 이유는 핵개발의 유인은 강하지만 제재는 상대적으로 취약하기 때문이다. 즉, 북한은 핵을 군사 및 경제문제를 해결하고 이를 통해 주민 통제를 강화할 수 있는 가장 강력한 체제 유지 수단으로 인식하고 있다. 한편 국제사회의 핵개발 억제 체제는 과거에 비해 분권화로 약화된 상황이다. 특히 북한의 핵개발 및 실험은 미중 갈등이 심화되는 국면에서 진행되고 있어 국제사회의 대북제재는 지속성을 기대하기 어렵다.

셋째, 혼합전략게임 모델을 시뮬레이션한 결과, 제재가 강화되면 북한은 핵실험 등 도발을 일시적으로 중단하지만 시간이 지나면 도발의 확률은 과거의 균형상태로 되돌아간다. 즉 대북제재가 강화되더라도 북한의 태도를 바꾸지 못한다는 것이다. 제재와 무관하게 주기적으로 도발을 감행하고 있음이 이를 입증한다. 한편 핵 보유국들은 일시적으로 제재를 강화하지만, 시간이 지나면 오히려 과거 균형상태보다 제재의 확률이 떨어진다. 따라서 이러한 구조 하에서는 북한의 벼랑끝 전술에 의한 도발과 국제사회의 제재가 반복될 수 있음을 시사한다.

넷째, 북한은 식량, 에너지 등의 부문에서 자립도를 높여왔고 시장을 통해 자원배분의 효율을 높여왔다. 2010년대 들어서는 시장을 규제하기보다 활용하는 경향이 강해지고 있다. 따라서 중국이 공식 언급한 제재조치들을 엄격하게 실행하더라도 북한의 경제상황은 2010년 이전 상황으로 후퇴할 뿐 1990년대 중반과 같은 위기 상황에 처하지는 않을 것으로 판단된다. 한편 금번 중국의 대북제재는 과거 어느 때보다 강화되었지만, 제한적으로 이루어질 전망이다. 즉, 미중 갈등이 심화될수록 북한은 중국의 방파제로서의 전략적 가치가 높아지기 때문에 중국의 대북제재는 한계를 가질 수밖에 없다. 이는 중국의 대북제재가 원유 공급 등 북한경제의 생명줄은 건드리지 않고 있고 장기화되지 않는다는 점에서 나타난다. 더욱이 향후 미중 갈등은 심화될 조짐을 보이고 있어 대북제재가 완화될 가능성도 배제할 수 없다.

이상 핵개발에 대한 북한의 높은 기대 효용, 대북제재의 구조의 취약성, 북한의 경제적 내구성 등을 종합적으로 고려할 때, 금번의 대북제재가 북한의 도발과 국제사회 제재의 악순환의 고리를 끊어내지 못할 것으로 판단된다.

그렇다면 장기에는 어떠할 것인가? 북한의 핵개발이 체제안정을 장기적으로 보장하는 것은 아니라 판단된다. 북한이 경제사정이 개선되고 있지만 불안 요인이 잠재되어 있다. 이는 굶주림의 위기를 넘어 시장경제 확대로 규범, 가치관 등의 혼란이 야기하는 정체성의 위기이다. 시장경제 확대로 외부 정보가 유입되면서 주민들은 개인주의화되고 체제 비판적 사고를 하게 된다는 점이다. 비유하자면 사람의 몸집은 커져 가는데, 어린 아이의 옷을 입으라고 강요받는 상황에서 발생하는 갈등 인 것이다. 이런 상황에서 많은 정보를 접하고 김정은의 공포정치에 노 출되어 있는 엘리트 층은 일반 주민보다 정체성의 위기를 심하게 느낄 수 있다. 이런 측면에서 향후 북한의 체제위기는 주민의 집단저항보다 는 엘리트·기득권층의 분열에서 기인할 수 있다.

따라서 북한은 체제 안정, 특히 엘리트 층의 동요를 막기 위해서도 핵 능력의 고도화와 함께 경제문제 해결의 비전을 제시하려 할 것이다. 이를 위해 북한은 미·중 간 갈등을 활용하여 중국과의 경제관계를 유 지하면서 핵·미사일 실험, 군사도발 등을 통해 미국과의 협상을 시도할 것이다. 그러나 핵 협상이 시작되더라도 협상의 진전은 쉽지 않을 것이 다. 북한은 핵보유국 지위를 전제로 북핵 협상에 나서려 할 것이고, 핵 도미노를 억제해야 하는 미국은 북한의 핵보유를 인정하기 어렵기 때문 이다. 이런 상황을 고려할 때, 향후 북핵협상이 본격화되기 전까지 한반 도의 긴장은 한층 고조되는 가운데 불확실성 또한 높아질 것으로 전망 된다.

부록 북한의 핵개발과 대북 제재의 시스템 다이내믹스 모델

모델 수립 및 시뮬레이션은 시뮬레이션 전용 프로그램인 Powersim 이라는 프로그램을 이용하였다. 여기서 북한이 도발하고 핵보유국이 방치했을 때 북한의 보수는 4이므로, 대북제재 강화는 -5를 적용하였다. 즉 대북제재 강화로 핵 도발의 유인이 음이 되도록 한 것이다.

〈그림〉 핵개발과 대북제재의 다이어그램

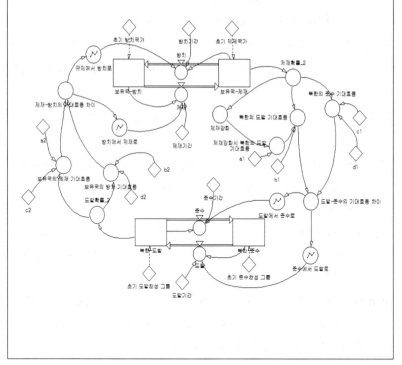

참고문헌

김경술, "유엔 대북제재 결의 2270호의 북한 에너지 수급 영향", 에너지경제
    연구원, 2016.3.

김도훈·문태훈·김동환, 『시스템다이내믹스』, 대영문화사, 1999.

김영훈, "2015년 북한 곡물생산 동향과 전망,"『KDI 북한경제리뷰』, 2016.
    1월호.

심완섭·이석기·이승엽,『북한의 화학산업 역량 재평가와 남북경협에 대한
    시사점』, 산업연구원, 2015.12.

이영훈, "김정은 시대의 경제-핵무력 병진노선의 특징과 지속 가능성,"
    『북한연구학회보』, 제19권 1호, 2015 여름.

이영훈, "북한의 화폐금융 현황 및 최근의 금융조치 평가: 인플레이션·달러
    라이제이션·사금융을 중심으로",『북한연구학회보』, 제19권 2호.
    2015 겨울.

KDB산업은행,『북한의 산업 2015』, KDB산업은행, 2016.

Murdock Clark et al. *Protect Atom – A Comparative Strategies
    Approach to Defining U.S. Nuclear Strategy and Posture for
    2025-2050*, CSIS, 2015.

Paul Bracken, The Second Nuclear Age: strategy danger, and the
    new power politics, 2012, 이시은 역, 『제2차 핵시대』, 아산정책
    연구원, 2014.

38 north(http://38north.org //Jeffrey Lewis, "Five Things You Need
    to Know about Kim Jong Un's Photo Op with the Bomb" 등)

IEA World Energy Outlook, IHS의 보고서 등

한국무역협회
한국은행

조선중앙통신
중앙일보
미국의 소리(VOA)
자유아시아방송(RFA)

제5장

북핵문제 해결을 위한
새로운 패러다임 모색

이관세
(경남대 석좌교수)

I. 들어가며

북한이 지난 1월 4차 핵실험 이후 증폭된 핵문제가 제7차 당대회를 지나오면서 불과 8개월 만인 지난 9월 5차 핵실험을 강행하여 역내 가장 핵심적인 이슈로 부상하고 있다. 북한은 제7차 당대회를 통해 지금까지의 핵무력을 바탕으로 내부 체제 안정성을 확보하면서 사실상 핵보유국임을 강조하고, 핵보유국 지위를 인정받으려 노력하고 있다. 반면 남북관계는 4차 핵실험과 장거리 로켓 발사로 인해 개성공단까지 전면 중단된 상황에서 쉽게 돌이키기 어려운 상태로까지 악화되어 버렸다. 중국의 부상에 따른 미중관계 변화는 북핵문제를 더욱 복잡하게 만드는 양상을 보이고 있다. 국제사회도 마찬가지로 역내 주요 국가들은 북한 핵개발에 대한 반대 목소리를 분명히 하고 있으나, 각국의 이해관계에 따라 북한과 북핵문제의 입장에는 분명한 차이를 드러내고 있다. 여기에 국제사회의 대북제재에 대한 각국의 참여와 수위도 다르며 미국과 중국을 비롯한 주변 국가들 간의 이해관계로 인해 북핵문제를 둘러싼 역내 안보 및 외교 관계는 더욱 복잡하게 전개되고 있다. 결국 미중관계에 모든 것이 함몰되어 버린 북핵문제를 둘러싼 한반도와 동북아의 현실은 지금까지 한 번도 경험해 보지 못한 새로운 환경에 직면해 있다

지금까지 북핵문제에 대한 해결방안으로 많은 사람들이 평화협정 또는 평화체제를 언급한다. 과거 얼마 전까지만 해도 그 대안이 검토의 대상이 되었다. 그러나 4차 핵실험과 제7차 당대회 이후 5차 핵실험까지 강행한 현재 시점에서 보면 마치 평화협정만 체결되고 평화체제만 구축되면 북핵문제는 해결될 것이라고 보는 것이나, 반대로 북한이 핵을 폐기만하면 평화체제가 구축될 것이라고 보는 선후관계의 논의는 순진한 생

각이 되어버렸다. 비핵화와 평화협정의 등가성에 의구심을 제기할 수밖에 없는 상황이다. 이제 와서 단순히 북핵위기를 한반도 평화체제 구축의 기회로 삼자는 말은 수사일 뿐이다. 과연 평화체제가 북한 비핵화의 만병통치약인지 의심스럽다. 북한은 중국이 제기한 '비핵화와 평화체제 병행 논의' 방안에 대해서 거부하였다(2016.4.20. 북한 외무성 성명). 북한 비핵화를 위한 실현 가능한 대안이 부재한 상황이 되어가고 있다.

북핵 문제에 대한 미중의 입장에는 온도차가 있다. 대선 국면에 들어선 미국도 '전략적 인내'를 중심으로 비핵화보다는 비확산에 치중하는 입장이다. 반면 중국은 북핵문제 해결을 중국에만 떠넘기고 있다고 미국을 비난하는 동시에 한국은 미국의 입장을 지지하는 위치에 머물러 있다고 지적하고 있다. 그리고 자신들의 안정적인 경제 성장을 저해하는 북핵문제의 심각성과 함께 지역의 주도권을 확보하기 위해 미국을 비롯한 6자회담 참여국들을 독려하여 6자회담 재개와 한반도 평화체제 구축을 위한 선제적인 행보를 전개하고 하고 있다.

이처럼 미중관계 중심으로 북핵 문제에 대한 협상구도 및 환경이 완전히 변화된 상황에서 우리 정부의 북핵문제 해결을 위한 전략이 명확히 정립되는 것은 매우 중요하다. 일부에서는 북핵협상에 적극 임했던 과거 정부와 비교하며 제재 일변도로만 나감에 따라 북핵문제 해결의 실질적인 진전을 보지 못하고 있다고 지적하고 있다. 여기에 우리 사회 내부에서 북한 핵포기 불가론이 확산됨에 따라 '독자적 핵무장론', '전술핵 재배치론' 등이 제기되는 우려스러운 상황마저 나타나고 있다. 한국이 주도적으로 '북한 비핵화 해법'을 제시하지 못할 경우, 미중 간 협의구도 하에서 한국의 역할을 상실할 수도 있다. 특히, 우리가 제대로 된 준비를 갖추지 못한 상황에서 6자회담 재개 등 비핵화 협상 국면에 진입할 경우, 북한이

'통미연중'할 가능성이 높아 한국의 입장이 매우 어려울 수 있다.

이처럼 시급한 북핵문제 해결방안을 도출하기 위해서는 문제의 정확한 진단이 중요하다는 점에서 그동안 있었던 북핵논의에 대한 반성을 바탕으로 북한의 비핵화 관철을 위한 실질적이면서 치밀한 추진전략을 전면적으로 재검토할 필요가 있다. 제네바 합의는 북미간 관계정상화를 포함한 최초의 포괄적 접근이었다는 점에서 그 의의가 있다. 그러나 북한의 핵동결과 폐기를 북미, 남북관계의 정상화 등과 유기적으로 연계시키지 못하였다. 6자회담과 9.19 공동성명은 핵실험 등 북한이 합의한 내용을 이행하지 않을 경우 그것을 강제할 장치가 부재하고 북미간 신뢰부족, 주변국 당사자들의 이해관계가 달라 프로세스에 대한 무용론이 증대되고 한계를 보일 수밖에 없었다. 과거 우리 정부가 내세운 햇볕정책을 비롯해 비핵-개방-3000 및 그랜드바겐, 한반도 신뢰프로세스 등 역시 북한의 핵포기·동결을 위한 여건 및 환경 조성 등에 대한 고민없이 단기간 북핵문제에서의 성과와 형식에 집착한 경향이 있었다. 이러한 점에서 효과적인 해결을 위해서는 북핵문제를 둘러싼 지금의 새로운 환경을 정확하게 인식하고 평가하는 것이 선행되어야 한다. 이러한 바탕에서 단계적인 전략을 갖고 핵문제 해결을 위한 집중적인 노력을 전개해야 할 것이다.

II. 북핵문제가 직면한 새로운 환경과 조건

북핵문제는 지금까지 경험해 보지 못한 새로운 환경 속에 새로운 단계에 들어섰다. 1980년대 말 시작된 제1차 북핵위기에서 논의된 문제의 핵심은 핵 포기와 북미수교 및 평화협정을 교환하는 것이었다. 이에 대한 결과물이 바로 「북미 제네바합의」(1994 US-DPRK Agreed Framework)였다. 그러나 2002년 제네바합의가 파기되면서 북한은 핵을 포기하자면 북미수교 및 평화협정에 더해 '서면 안전보장을 넘어서는 실질적 안전보장'이 필요하다고 주장하기 시작했다. 이것이 김일성·김정일의 유훈으로 선전되는 '조선반도 비핵화' 구상으로 이미 이때부터 북한은 핵을 포기하려면 북미수교, 평화체제와 함께 대남 핵우산 폐지라는 3가지 요건이 충족되어야 한다고 주장하면서 핵보유국 대 핵보유국으로서의 핵군축회담을 하자고 주장하였다.[1]

이처럼 북한은 대남 핵우산 폐지와 같이 논의 자체가 불가능한 사안을 제기했으나, 비핵화 자체를 부정하지는 않았다. 그러나 김정은 시기에 들어와 5차 핵실험과 제7차 당대회를 거치면서 비핵화 자체를 포기한 것으로 보이는 내용들을 강조하고 있다. 과거 비핵화 틀에서 경제적, 안보적 이익을 추구하는 것이 아니라 프레임 자체를 바꿔 오히려 핵능력을 고도화하여 안보위협 해소와 경제발전을 이룩하겠다는 것으로 보인다. 여기에 변화된 미중관계와 남북관계라는 새로운 상황이 북핵문제에 대한 대안 모색을 더욱 어렵게 하고 있다.

1. 북한 핵능력의 고도화와 김정은 정권의 핵전략

북한의 핵전략 변화는 김정일 사후 김정은 정권에 들어와 보다 구체적으로 드러나고 있다. 핵을 보유한 상태에서 우선 체제안전을 보장받고 이를 바탕으로 경제발전을 도모하겠다는 것이다. 정권 이양기(2009~

1_ '조선반도 비핵화' 구상은 크게 동결 → 핵시설 해체 → 완전한 비핵화로 구성되며 각 단계별로 미국을 포함한 국제사회는 그에 맞는 '보상'을 제공한다는 구상이다. 북한 외무성 대변인 담화(2005.3.31); 북한 외무성 대변인 담화(2005.7.22.).

2011년)에 해당하는 2009년부터 북한은 장거리로켓 시험발사(2009.4.5),
2차 핵실험(2009.5.25), 우라늄 농축시설 공개(2010.11.12) 등 일련의 핵
무기 개발과 관련된 노력을 가속화하였다. 김정은 정권 등장 이후에도
이러한 흐름은 지속되어 왔다. 2012년 2.29 합의를 파기하고 장거리 로켓
을 발사(2012.4.13)하였고, 헌법 전문에 핵보유국을 명시했으며, 2차 장
거리 로켓발사(2012.12.12)와 3차 핵실험(2013.2.12)을 감행하였다. 북한
은 2013년 3월 16일 외무성 대변인 담화를 통해 "경제적 혜택과 교환하기
위한 흥정물로 핵을 보유했다고 생각하는 것은 오산"이라고 까지 언급하
였다.2 특히 당중앙위 전원회의(2013.3.31)에서 핵보유국으로서 '경제건
설과 핵무력건설 병진노선'의 전략적 노선을 채택함에 따라 자립적 핵동
력 공업을 발전시켜 전력문제를 해결하고 세계 비핵화 전까지 핵무력을
질량적으로 확대 강화하겠다고 강조하였다.3 또한 최고인민회의 제12기
7차 회의(2013.4.1)에서 법령 ≪자위적 핵보유국의 지위를 더욱 공고히
할 데 대하여≫를 채택하였다.4 동 법령은 북한의 핵보유국 기정사실화
전략의 연장선상에서 이를 뒷받침하는 법령이며, 특히 북한의 핵전략
및 정책을 법적으로 정당화했다는 의미이다.5

북한은 제7차 당대회를 통해 앞으로의 핵전략을 확고히 하였다. 북한
은 핵국가임을 국가전략으로 공식화하고 지속적으로 발전시켜 나가겠다고
선언하였다. 또한 북한은 세계가 비핵화 되기 전에는 비핵화 할 수 없다
고 주장하였다. 제7차 당대회에서 김정은의 사업총화보고 내용6과 결정

2_ 『조선중앙통신』,2013. 3. 16.
3_ 『조선중앙통신』, 2013. 3. 31.
4_ 『조선중앙통신』, 2013. 4. 1.
5_ 함영필, "북한의 핵개발과 동북아 지역안보,"『새로운 핵위험시대, 지속가능한 평화의
모색』, 서울대학교 통일평화연구원(2016.).pp.11.

서 그리고 호소문 중에 나타난 핵 관련 발언을 종합하면, 북한의 핵전략은 크게 3가지로 정리해 볼 수 있다.

첫째, 국제관계분야에 대한 성과에서 "자주의 강국, 핵강국의 지위에 당당히 올라선 것만큼 그에 맞게 대외관계를 발전시켜나가야 한다"고 언급하였다. 그러면서 "대외사업부문에서는 대외활동에서 당의 로선을 옹호하고 자주적 대를 고수하며 핵보유국의 지위를 견지하는 원칙을 지킬 것이다"라며 핵보유국의 지위 확보가 북한의 핵심 외교목표라는 점을 분명히 하고 있다. 이는 '사실상의(de facto) 핵보유국' 지위에 만족하지 않고 핵보유국 지위를 국제적으로 승인받으려는(de jure) 외교적인 노력을 기울이겠다는 의미로도 해석할 수 있다. 그러나 실제 국제적으로 승인받는 것은 불가능하다는 점에서 핵협상을 위한 포지셔닝 극대화로 보인다. 그럼에도 불구하고 향후 북한은 핵보유국 지위를 승인받으려는 공세적 핵외교를 펼칠 것으로 전망된다.

둘째는 "미국에 의하여 강요되고 있는 핵전쟁 위험을 강위력한 핵억제력에 의거하여 근원적으로 종식시키고 지역과 세계의 평화를 수호하기 위한 투쟁을 힘있게 벌려나갈 것이다"라며 "제국주의의 핵위협과 전횡이 계속되는 한 경제건설과 핵무력건설을 병진시킬데 대한 전략적 로선을 항구적으로 틀어쥐고 자위적인 핵무력을 질량적으로 더욱 강화해나갈 것이다" 라고 밝힌 부분이다.7 국방공업부문에서는 "당의 새로운 병진로선의 요구에 맞게 핵기술을 끊임없이 발전시켜 핵무기의 소형화, 다종화

6_ "조선로동당 중앙위원회 사업총화에 대하여, 조선로동당 제7차대회 결정서 주체 105(2016)년 5월 8일," 『로동신문』, 2016. 5. 9.

7_ 북한이 주장하는 경제핵무력병진노선에 대해서는 김동엽, "경제·핵무력 병진노선과 북한의 군사 변화 변화," 『현대북한연구』, 제18권 2호(2015), pp. 77~120을 참조.

를 높은 수준에서 실현하고 핵무력을 질량적으로 강화하여 우리 조국을 <동방의 핵대국>으로 빛내여 나갈 것이다"라고 강조하고 있다. 호소문에서도 "혁명의 백년대계 전략, 경제건설과 핵무력건설을 동시에 밀고나가는 우리 당의 전략적인 병진로선은 추호도 변함이 없다"며 "주체적 핵무장력을 보다 질량적으로 강화하여 우리 조국을 천하무적의 핵강국으로 만들자"라고 재차 주문하고 있다.8 이 부분은 단순히 경제·핵무력 병진노선을 포기하지 않을 것이 아니라 미국의 핵위협과 연결하여 핵전력을 더욱 강화해 나가겠다고 밝힌 것이다. 즉 미국의 핵과 상대하고 거래하겠다는 것을 분명히 한 것이다. 여기에 "미국은 핵강국의 전렬에 들어선 우리 공화국의 전략적 지위와 대세의 흐름을 똑바로 보고 시대착오적인 대조선 적대시 정책을 철회하여야 하며 정전협정을 평화협정으로 바꾸고 남조선에서 침략군대와 전쟁장비들을 철수시켜야 한다"고도 언급하고 있다. 이는 미국을 상대로 과거와 현재의 핵이 아닌 미래의 핵을 우선적으로 내세워 평화협정을 요구하는 대화를 지속적으로 촉구할 것이라는 것을 의미한다.

셋째는 "우리 공화국은 책임있는 핵보유국으로서 침략적인 적대세력이 핵으로 우리의 자주권을 침해하지 않는 한 이미 밝힌 대로 먼저 핵무기를 사용하지 않을 것이며, 국제사회 앞에 지닌 핵전파방지의무를 성실히 리행하고 세계의 비핵화를 실현하기 위하여 노력할 것이다"는 내용으로 '선제 핵사용 불용 원칙'과 핵의 수평적 확산(horizontal proliferation) 의무를 준수할 것임을 밝힌 것이다. 이는 앞서 언급한 미국의 핵위협과

8_ "전체 인민군장병들과 청년들,인민들에게 보내는 조선로동당 제 7 차대회 호소문, 만리 마속도창조의 불길높이 사회주의완전승리를 향하여 총공격 앞으로!"『로동신문』, 2016. 5. 7.

연결된 것으로, 역으로 미국의 핵위협이 있으면 선제 불사용 원칙이 적용되지 않을 수도 있다는 것이다. 그러면서 무엇보다 '세계 비핵화'를 주장하고 나왔다는 점에서 이는 오히려 비핵화 노선의 포기라고 보는 것이 현실적이다. 2016년 6월 22일 동북아시아 협력대화(NEACD)에서 최선희 북한 외무성 미국국 부국장은 북한의 핵·경제 병진노선을 주장하며 "미국이 대북 적대시 정책을 포기하며 평화조약을 체결하고 전 세계의 비핵화가 실현되기 전까지는 핵을 포기할 수 없다"고 하였다. 이는 북한이 지금까지 주장해 온 김일성·김정일의 유훈인 '조선반도 비핵화'와는 맞지 않고, 오히려 오바마의 '핵 없는 세계'와 궤를 같이 하고 있다는 점에서 향후 북한이 공세적으로 핵군축 협상론을 제기할 가능성도 배제할 수 없다.

또한 김정은 체제에서의 핵개발은 정권의 정당성과 결합되어 있으며 체제결속과 함께 통치기반 확보와 수령의 권위와 연계되어 있는 체제 생존적 성격을 띠고 있다. 북한은 핵보유를 체제안보 생존전략과 체제결속 및 권력 공고화 등 대내 통치차원에서 활용하고 있다. 그렇기 때문에 북한은 핵문제가 협상과 거래의 대상이 아니며 포기될 수 없는 것이라는 점을 강조하고 있는 것이다.

군사적인 차원에서 보면 이미 5차 핵실험과 수 차례의 미사일 시험을 통해 북한은 핵무기 실전배치에 한 발 더 다가선 것으로 평가된다. 북한은 이미 3차 핵실험을 통해 '경량화 된 핵장치'의 성능 입증에 성공했기 때문에 대륙간 탄도미사일의 탄두 재진입 기술만 확보하면 핵무기 실전배치에 필요한 기본적인 기술적 장벽을 넘어서게 된다. 이러한 북한의 핵무장은 남북관계는 물론 한반도와 동북아 안보환경에 미치는 부정적 영향이 크다. 핵무기라는 비대칭무기를 통해 남북한간 군사력 균형이 북한의 우위로 전환되고 그 결과 북한의 대남 강압전략(threat of use)이 노골화될 공산이 크다. 한국의 재래식 군사력 우위는 무의미해지면서 오히려 남북간 재래식 군사적 긴장과 국지충돌이 빈번해질 가능성이 있다.

2. 미중간 이중적 협력체제의 출현과 심화

현 미중관계는 글로벌·지역적·쌍무적 차원에서 상호의존성이 증대되고 있다는 점에서 과거의 세력균형적 관점에서의 미소관계와 달리 이익균형적 관점에서 담합 속 경쟁이자 전략적 협력이라는 측면이 강하다. 국제적 차원에서 미중간 경쟁 역시 아직은 긍정적인 측면이 두드러지게 나타나고 있다. 그럼에도 불구하고 한반도와 동아시아를 둘러싼 지역적 차원에서 미중 관계는 상호 전략적 불신이 빠르게 점증하고 있고 갈등적 요소들이 잠재해 있다. 최근 남중국해에서 나타나는 군사적 대결과 외교적 경쟁관계는 미국이 중국을 봉쇄하는 것이 최고의 정책 목표임을 명확히 하는 사건이다.

미국은 중국에 대해서 신형대국관계와 같은 지위를 인정하지 않으려는 의도를 명확히 했다. 베트남에 무기 금수조치를 해제하고 그 대가로 미군이 베트남 깜라인 만 해군기지를 사용하는 전략적 파트너십에 합의했다. 몇 년전부터 논의되던 레일건의 실전배치는 중국과의 군사적 경쟁의 패러다임을 주도하는 미국의 전략으로 보인다는 점에서 미중관계의 전반적인 흐름은 신형대국관계의 용인과는 거리가 멀다. 미국은 동아시아에서 세력균형이나 이익균형을 추구하는 것이 아니라 힘의 우위(power preponderance)를 통한 질서를 다시 추구하고 있다고 해석할 수 있다.

반면 중국은 이미 경제영역에서 미중관계는 '차이메리카(Chimerica)'[9] 개념에서 드러나듯이 미국에 이은 세계 제2의 경제대국으로 성장하였을 뿐만 아니라, 동중국해와 남중국해에서 군사적으로도 더욱 적극적인 활동을 하고 있다. 시진핑 정권 출범 이후로는 중국의 활동영역이 지역을 벗어나 더욱 뚜렷하게 지구촌을 무대로 하고 있다. 소위 '일대일로(一帶一路)' 전략을 구체화시키는 과정에서 인도는 물론이고 중앙아시아와 동남아시아의 대부분을 아우르는 아시아 전역에 걸쳐서 중국과 도로, 철도 및 해로의 연결을 통한 유라시아대륙과의 인프라 네트워크를 구축해 가고 있다. 이러한 이유로 중국의 부상을 단순히 아시아지역의 경제·군사적인 맹주의 등장으로서가 아니라 2차 세계대전 이후에 지구촌 전체에 걸쳐서 미국이 누려오고 있는 초강대국으로서의 지위에 대해 도전하고 있다는 인식을 갖게 한다. 특히, 2015년 중국의 위안화가 국제통화기금(IMF: International Monetary Fund)의 특별인출권(SDR: Special Drawing Rights)의 통화 바스켓에 포함되었고, 중국 주도로 출범한 아시아인프라투자은행(AIIB: Asia Infrastructure Investment Bank)은 중국이 미국의 지구촌 패권에 도전하고 있다는 인식을 미국이 더욱 확고히 하게 되었다.

아직은 중국이 미국 주도의 현 국제질서를 재편하거나 새로운 질서의 창출자로 등장할 정도로 미중관계가 변화한 것은 아니다. 그러나 여전히 분단과 핵이라는 냉전적 질서 속에 살아가는 우리로서는 미국이 만들어 온 세계의 질서와 향후 중국이 만들어 갈 세계의 질서에 어떠한 차이가 있을지에 대한 고민과 이해가 필요하다. 또 결과에 앞서 과정에 있어

9_ 차이메리카 개념은 니얼 퍼거슨 씀, 김선영 옮김, 『금융의 지배』(서울: 민음사, 2012), pp. 282-336 참조.

중국이 미국의 질서를 끌어안고 점진적으로 갈 것인지, 아니면 충돌과 급진적 변화가 수반될 것인지에 대한 것도 중요한 관심사이다.

이러한 복잡한 지역적 차원의 미중관계에 북핵문제가 중요한 영향을 미치고 있고, 또 반대로 미중관계가 북핵문제에 영향을 미치고 있다. 한반도를 둘러싼 미중간 세력경쟁은 일면 북한에게 유리한 대외환경을 조성하고 있기도 하다. 미중간 상호 충돌 회피 및 이익 극대화를 도모하고 있음에도 불구하고 이제는 상대방의 세력팽창과 배반가능성을 경계하지 않을 수 없다. 이러한 이유로 미국은 북한의 핵위협을 명분으로 한미일 3자간 군사협력 등 동맹을 강화하고 있다면, 중국은 북한 붕괴를 반대하고 핵포기에 대한 실질적 압력을 행사하지 않음으로써 북한의 전략적 가치를 유지하려 하고 있다. 결국 미중간 세력경쟁 속에서 중국의 대북 유화정책은 북한에게 소위 '약자의 힘(power of the weak)'을 제공하고 있으며, 이것은 약소국 북한의 핵개발을 가능케 하는 원인이 되고 있는 것이다.10 이처럼 미중관계에 북핵문제를 비롯하여 한반도 문제를 대입하는데 있어서 담합 속 경쟁이라는 틀로 단순화하기 보다 미중관계가 가지고 있는 전략적 협력과 갈등이라는 관점에서 미중관계가 북핵문제와 한반도 미래에 미치는 영향에 주목할 필요가 있다.

10_ Samuel S. Kim and Tai Hwan Lee, "Chines-North Korean Relations: Managing Asymmetrical Interdependence,"in Samuel S. Kim and Tai Hwan Lee, eds., *North Korean and Northeast Asia* (New York: Rowman & Littlefield Publishers, Inc, 2002), pp. 111-112.

Ⅲ. 북핵문제 해결에 있어 당사자 역할의 중요성

미중관계는 협력을 바탕으로 하지만, 잠재적인 경쟁·갈등의 성격을 떨쳐버릴 수는 없을 것이다. 현재의 미국과 중국 간 갈등의 양상들은 서로에게 인정해야 하는 영역의 범위를 정하는 과정이다. 즉, 2차 세계대전이후 미국이 독점하던 동아시아에서의 영역에 대한 영향권을 새롭게 부상하는 중국이 주장하는 가운데 발생하는 것이다. 이는 힘의 균형의 변화에서 자연스럽게 발생하는 것으로 미국이나 중국이나 서로 충돌하기 위한 갈등은 아니다. 일단 서로 인정하는 영역이 결정되면, 갈등의 양상은 상대적으로 사라질 것이다. 위험한 것은 영역을 조정해가는 과정에서 파국을 맞을 확률이 크다는 것이다. 이는 당사국인 미국과 중국의 책임이기도 하겠지만, 이들과 관련되어 있는 한국을 포함한 동아시아 국가도 일정 역할이 있다.

한반도 문제, 특히 북핵문제와 관련하여 영역조정의 과정을 중국과 미국에만 맡긴다면 우리는 양국의 종속변수로 전락이 불가피 할 것이다. 객관적 관찰자로서 미국과 중국의 힘겨루기를 지켜보는 것이 아니라, 그 과정에 적극 참여하고 역할을 수행해야 한다. 북핵문제, 평화체제, 통일 등의 국가이익은 구조적·운명적으로 주어지는 것이 아니라 행위국가가 적극적으로 쟁취하는 것이다. 그런 견지에서 보면 우리는 관찰자가 되어서는 안된다. 갈등상태에 있는 이해관계자들을 조정해주는 것이 아니라 우리 스스로가 가장 중요한 이해당사자로서의 역할을 해야 한다는 것이다. 이해당사자라는 것은 자국의 이익 극대화를 위해 최선을 다하는 것을 의미한다. 우리가 미중관계와 두 국가의 전략에 계속해서 엇박자를 낼 경우 미국과 중국이 우리를 배제하고 북한과 문제해결을 모색할 가능

성도 배제할 수 없다.[11]

북핵문제는 6자회담만을 보더라도 단지 비핵화 뿐만 아니라 한반도 평화체제 구축, 북·미 및 북·일 관계정상화, 동북아 다자안보체제의 형성 등 여러 문제들과 얽혀있다. 자칫 동북아 질서의 재편까지도 가능한 중요한 문제이고, 따라서 미국과 중국도 이를 민감하게 전략적으로 다루고 있다. 이처럼 북핵문제는 한반도 평화체제의 구축뿐만 아니라 관계정상화 및 동북아 다자안보체제와 긴밀히 연동되어 있어, 북핵문제가 어느 방향으로 이루어지느냐에 따라 우리 민족의 운명이 바뀔 수도 있다. 이제 막연히 평화체제가 구축되어야 한다는 주장은 비핵화를 더욱 어렵게 할 수도 있다. 과연 누가 주도적으로 평화체제를 만들어 나가고 북한의 비핵화를 가능하게 할 것인가에 따라 비핵화와 평화정착의 가능성과 진행경로가 달라질 수 있다. 따라서 북한 비핵화와 한반도 평화체제를 구축하는 과정에 남과 북이 어떠한 위치에서 어떠한 관계로 어떠한 역할을 할 것인가가 매우 중요하다.

한국이 미국을 설득해 당근을 가져오고, 미국의 당근을 이용해 중국의 채찍을 이끌어내 북한 설득에 나서야 한다. 지금 남북의 단절된 상태가 지속되어 남과 북이 주도적인 역할을 하지 못할 경우, 자칫 한반도 평화체제의 구축과 북한의 비핵화가 분단의 영구화로 귀결될 수도 있다. 평화체제의 구축과 북핵문제의 해결이 남북간의 평화공존을 보장해 줄 수는 있지만 통일까지 보장해 주는 것은 아니다.[12] 도리어 평화체제의 구축과

11_ 2016년 5월초 미 정보국장 클래퍼가 서울을 비공식 방문해서 한국정부의 양보 가능한 조건을 타진하기까지 했던 것으로 알려졌다. "클래퍼 국가정보국장, 북미 평화협정 한국 입장 타진했다,"『중앙일보』, 2016. 5. 7.
12_ 경남대 극동문제연구소 편,『동아시아 질서 변화와 한반도 미래』(서울: 선인, 2015), pp.171~174 참조.

북한의 비핵화가 민족의 주도적인 역량에 기초해 이루어지느냐, 아니면 주변 강대국의 전략적 이해관계를 충족하며 달성되느냐에 따라 분단이 영구화 될 위험성도 안고 있다는 점을 간과해서는 안 된다.

IV. 북핵문제 해결을 위한 패러다임 전환

1. 비핵화와 평화체제의 등가성과 선후관계

사실 비핵화-평화협정의 교환은 새로운 것은 아니며, 2005년 9.19 공동성명의 합의사항이었다. 그러나 11년이 지난 2016년, 상황은 크게 변했다. 그동안 북한은 5차례의 핵실험과 6차례 장거리로켓 발사를 감행했고, 2013년 헌법에 핵보유국이라고 규정함으로써 법적 근거까지 마련했다. 최근 7차 당대회 보고에서 '핵강국'으로, 결정서에서는 '동방의 핵대국'임을 언급하고 있다. 최근 대선을 앞둔 미국의 암묵적인 유연성과 당대회 이후 북한의 대화공세, 그리고 중국의 중재로 비핵화-평화체제 병행논의 방안이 제기되었다. 그러나 이것이 현실화되기 어려운 가장 근본적인 이유는 비핵화와 평화협정 사이 등가성에 대한 인식의 간극이 과거보다 훨씬 더 벌어졌다는 점이다. 비핵화 없는 평화협정 또는 평화협정 선행론을 주장하는 북한과 평화협정 없는 비핵화 또는 비핵화 선행론을 주장하는 한미일의 입장이 팽팽하다. 여기에 중국이 병행론 또는 조건 없는 대화라는 중재안을 내놓고 있으나, 지난 몇 번의 불신의 경험으로 인해 병행론 조차 논의가 어려운 상황이다.

이미 북한은 핵보유국임을 선언하였고, 경제·핵 병진노선을 항구적으로 지속할 전략노선임을 강조하고 있다는 점에서 핵보유는 더 이상 어떤 것과도 교환 등가성을 가지지 않는다는 것을 의미한다. 한미 양국이 압박하는 선핵폐기론은 물론이고 중국의 병행론도 북한은 수용하지 않겠다는 것으로, 북한이 평화협정을 제안하고 있지만 평화협정과 비핵화를 분리하겠다는 것이다.13 북한은 평화협정은 언제든지 파기하면 그만이지만 북한 핵개발의 포기는 복원이 훨씬 더 어렵다는 점에서 핵폐기가 가지는 비가역성에 있어서의 불리함을 철저하게 인식하고 있어 비핵화가 더 어려워졌다. 이미 핵보유국임을 확실히 하고 있는 상황에서 비핵화를 위한 조치가 지나칠 경우 북한으로서는 수용할 수가 없고, 비가역성의 상대적 불리함을 감수할 이유는 더욱 적어졌다.

평화체제와 비핵화를 연계하면서 나타난 쟁점이 바로 비핵화와 평화체제 중 어느 것이 앞이고 어느 것이 뒤인가 하는 순서의 문제이다. 평화체제와 비핵화 중 어느 것이 필요조건이고 어느 것이 충분조건인지, 아니면 상호 필요충분조건으로 보는지에 따라 평화체제 구축을 위한 비핵화인지, 비핵화를 위해 평화체제를 수단화 할 것인가가 달라질 수밖에 없다. 이는 남북한과 주변 이해 국가들 간에도 중요도와 견해차가 명확하다. 이를 크게 3가지 유형으로 보면 '선 비핵화, 후 평화체제'와 '선 평화체제, 후 비핵화' 그리고 '비핵화와 평화체제의 병행' 방식이다. 우리 정부는 '한반도 평화체제 수립은 북한의 핵폐기가 완료되어야 가능하다'는 기본원칙 하에 한반도의 긴장완화와 신뢰구축의 진전에 기반하여 남북 당사자 주도로 추진해야 한다는 입장을 견지하고 있다. 미국도 기본적으로 이 방안을 선호하고 있다. 반면 북한은 '선 미-북간 평화협정 체결, 후 한반도 비핵화'를 주장하고 있다.

13_ Benjamin A. Engel, Jaesung Ryu, and Young-Hwan Shin, "Bridging the Divide: South Korea's Role in Addressing Nuclear North Korea," *EAI Issue Briefing*, April 26, 2016.

먼저 '선 비핵화, 후 평화체제' 방안은 북한의 비핵화를 달성하고 한반도 및 동북아의 냉전구조를 해체하여 실질적인 평화체제의 조건이 성숙된 다음에 평화협정을 체결하여 정전체제를 평화체제로 전환하는 결과중심적인 접근방식이다. 이 방식은 평화체제 구축 자체를 하나의 최종목표로 놓고, 비핵화는 이를 위해 가장 먼저 선행되어야 할 필요조건 중의 하나로 보면서 다양한 조치에 초점을 맞추고 있다. 결국 비핵화 과정에서 군사적 신뢰구축이나 한반도평화포럼 구성 등은 가능하겠지만, 한반도 비핵화가 완성되고 동북아 및 한반도 냉전구조가 해체된 이후에나 평화협정 체결과 같은 실질적인 평화체제 구축이 가능하다는 입장이다. 이명박 정부의 비핵·개방·3000이나 박근혜 정부의 한반도 신뢰프로세스는 여러 설명에도 불구하고 '선 비핵화, 후 평화체제'가 기본틀이다. 따라서 '선 비핵화, 후 평화체제' 접근방식은 별도의 '한반도 평화(체제) 프로세스'보다는 눈에 보이는 남북관계 진전과 한미동맹에 집착하고, 현재까지 진행된 6자회담의 한반도 비핵화 이행절차를 강조한다. 그러나 이러한 기조에서 벗어나지 않는 상태에서 대화가 재개된다고 하더라도 비핵화나 평화체제 모두 진전되기 어려우며, 결국 과정을 중요시하는 한반도 신뢰프로세스 역시 현실화하는 데에는 한계가 있을 수밖에 없다.

반대로 북한이 주장하는 '선 평화체제, 후 비핵화' 방안은 먼저 평화협정을 체결하여 정전체제를 평화체제로 법적·구조적 전환을 모색하고 실질적인 평화체제의 조건 성숙을 통해서 북한의 비핵화가 가능한 여건을 조성한다는 소위 비핵화 유인방식이다. 이 방식 역시 선후관계가 명확하다는 측면에서 결과중심적 접근의 한계를 벗어나지 못하고 있다. '선 평화체제, 후 비핵화' 방안은 북한의 비핵화를 위해 오히려 평화체제를 수단화하여 필요조건으로 본다는 측면에서 한반도 평화체제 구축이 가지는 중요한 의미와 목적이 반감될 우려가 있다. 그러나 무엇보다 북한의 비핵화가 실제 행동으로 나타나고 완료되기 위해 필요한 평화체제의 성숙단계가 어느 정도를 의미하는지 모호하며, 설령 평화체제가 상당 수준 성숙되었다고 하더라도 북한이 핵을 폐기하지 않을 수 있다는 의심에서 보면 북핵 폐기의 희망이 단순한 생각이란 것은 이유 있는 비판이다.

북핵문제가 해결된 뒤에야 한반도 평화체제의 논의가 시작될 수 있다거나 반대로 평화체제가 구축되어야만 비핵화를 할 수 있다는 결과중심적 접근은 모두 이미 설득력을 상실했다. 6자회담의 「9.19공동성명」과 「2.13합의」에 북핵문제의 해결과 한반도 평화체제의 논의가 병행적으로 추진되어야 한다고 명시되어 있고, 북핵문제의 해결과 평화체제 구축이 긴 과정을 단계적으로 거쳐야 하는 만큼, 선후관계의 경직된 의미로 해석할 필요는 없다. '비핵화, 평화협정 병행' 방식은 일반적으로 한반도 비핵화와 냉전구조의 해체를 촉진하기 위한 수단으로 종전선언을 먼저 고려하는 방안을 통해 남북관계를 법적으로 규정함으로써 남북간의 평화상태를 회복하고 정치·군사적 신뢰를 더욱 공고히 하려는 접근방식이다.14 이 접근방식은 비핵화와 평화협정 구축을 기나긴 과정으로 보고 상호 진행과정에 순기능으로 작동할 수 있도록 조율해 가는 새로운 게임이다. 이 게임에서는 누가 핵심적인 조율자의 역할을 담당할 것인가가 매우 중요하다. 결국 비핵화와 평화협정의 연계에 있어 순서와 양보의 문제에 부딪힐 수밖에 없는 상황에서 쟁점은 이제 순서의 문제가 아니라 누가 조율자가 되고 누가 조력자, 촉진자가 되어야 하는가에 집중하여 우리가 중심이 되는 위치와 역할을 하도록 해야 할 것이다.

14_ 이와 동일한 선상에서의 선행논의는 조성렬, 『한반도 평화체제 구축과 동북아질서 재편』, 평화재단 제7차 전문가 포럼(2007, 3).p.24

2. 미중 관계 속에 최대공약수 찾기와 Non-Zero Sum Game

북핵문제의 심화는 결국 미중간 세력경쟁에 의한 전략적 이해의 부수적 폐해라고도 할 수 있다. 미국과의 세력경쟁 속에서 북한의 전략적 가치를 포기할 수 없는 중국의 미온적 영향력 행사가 약소국 북한의 활동반경을 확장시켜준 측면이 있다. 그러나 미국 역시 한편에서는 중국의 대북 영향력 행사를 희망하면서도 다른 한편에서는 중국을 견제하려는 이중적 행태를 보임으로써 중국의 실질적 협력을 끌어내는데 실패하고 있다.15 미국의 이러한 이중적인 전략도 북한의 소위 약자의 전횡(tyranny of the weak)을 가능케 하는 주요 원인이 되었다.16

현재 미국에게 북한의 비핵화와 평화협정 체결, 중국 견제라는 아시아 전략은 동시병행하기 어렵다. 결국 북핵문제는 미중관계를 중심으로 역내 국가간 세력균형(조정)관계가 어떻게 전개되느냐에 따라 영향을 받을 수밖에 없다. 향후 미중간 세력전이가 현실화되고 미중관계가 정리된다면 북핵문제를 포함한 한반도 문제는 보다 용이하게 해결될 가능성도 있다.

이러한 맥락에서 미중간 경쟁 속에서 교착상태에 빠져 있는 북핵문제 역시 관련 이해국가간 외교행위로 그 해결의 실마리를 모색할 수 있다. 미중을 중심으로 각 이해국가들이 수용할 수 있는 최대공약수가 무엇인지가 중요하다. 이를 통해 우리가 주도적으로 Non-Zero Sum Game이 될 수 있는 방안을 만들어 나가야 한다. 이를 위해서는 각 국가들이 수용할 수 없는

15_ 이명박 정부 이후 중국의 부상에 대한 미국의 우려가 점증하면서 북한을 통한 중국견제라는 미국의 이해관계의 수렴이 한미관계의 중요한 축으로 작동하면서 한국도 미국의 이러한 아시아전략을 충실히 따르고 있다. Ralph A. Cossa, "U.S. Northeast Asia Policy: Revitalizing Alliances and Preserving Peace on the Peninsula, 『전략연구』, 통권 49호, 2010, p. 24.

16_ Suhrke, Stri. "Gratuity or Tyranny: The Korean Alliances," World Politics, Vol. 25, No. 4, 1973.

대안들을 제거해 나가는 것도 필요하다. 중국은 제재만으로 북한의 핵과 미사일 프로그램을 중단시킬 수 없으며, 결국 협상을 통한 외교적 해결의 의존이 불가피하다는 입장이다. 우선적으로 북핵동결과 평화협정체결 논의를 통해 신뢰와 안정을 만들어 나가는 노력이 가장 현실성 있는 대안이라는 점에서 단계적 추진 전략에 따라 비핵화를 실현시켜야 한다.

3. 남북관계 개선의 중요성

비핵화와 한반도 평화체제 구축이 상호 시너지 효과를 내기 위해서는 다방면에 걸친 남북관계의 개선과 병행해서 추진해야 한다. 평화체제의 실효성을 확보하기 위해서는 남북간 정치·군사적 신뢰와 함께 경제협력과 사회문화적 교류가 동시에 확대되어야 한다. 따라서 무엇보다 시급한 것은 우선 남북관계를 적극적으로 복원 개선해 나가는 노력이 필요하다. 그리고 한반도 평화체제와 비핵화 문제의 병행에 있어 우선순위를 조율하는 주도적 역할을 남과 북이 함께 해나가야 한다. 남북관계 개선이 이루어지지 않은 불신·대결 상태에서 강대국에 의한 종전선언이나 관계 정상화는 남북관계를 '차가운 평화(cold peace)'로 전락하게 할 가능성이 높다. 진정한 남북관계의 진전이 이루어진다면 평화체제의 구축을 위한 형식적인 조치는 오히려 무의미한 것일 수도 있기 때문이다.

북한이 사실상 핵무기 보유국이 됨에 따라 한반도 분단구조의 고착화 및 대화·협력을 통한 정책 구사에 대한 국민적 저항감이 확대될 것이라는 일부의 단정적 평가는 오히려 북핵문제 해결을 방해할 수 있다. 분단은 이미 70년 이상 지속되어 왔으며, 분단구조의 고착화에는 군사적인 측면뿐만 아니라 정치, 사회, 경제, 문화적인 여러 측면을 고려해야 하기 때문이다. 오히려 북한의 핵무기 보유국 지위를 공식 인정하지 않으면서,

북한과의 대화를 통해 군사적 긴장을 완화하면서 평화공존을 제도화하고 중·장기적으로 한반도 비핵화와 평화통일을 지향하는 전략을 모색할 필요가 있다.[17]

남북관계 진전이 없는 토대에서 북한이 생존전략과 체제유지 차원에서 추진하고 있는 핵을 포기하게 하는 것은 쉽지 않은 것이 현실이다. 그동안 역대 정부는 북핵문제를 비롯한 남북문제를 개선·발전시키기 위해 많은 노력을 해왔다. 그러나 핵문제 해결을 비롯, 남북간 화해·협력, 평화증진의 성과를 가져오지 못했다. 대북정책 추진에 있어 대북압박이든 포용이든 남북관계 발전에 가장 장애가 되고 대북정책에 있어 변화를 갖게 하는데 핵심적 요건이 되었던 것은 북한의 핵문제였다.

북핵문제가 대북정책의 방향과 기조를 결정짓는 피할 수 없는 핵심 요체가 되어왔다. 이제는 남북간 현격한 국력차만 믿고 일관성 있는 종합적인 대북전략을 마련하지 못하면 북핵문제를 비롯한 한반도 평화 그리고 분단극복도 쉽지 않을 것이다. 북한은 핵·미사일 등의 고도화를 바탕으로 한반도 긴장고조 및 대치 국면의 장기화를 통해 분단 고착화(Two Koreas)를 심화시켜 갈 가능성이 크다. '핵을 가진 북한'이라는 전제와 핵을 포기하지 않을 것이라는 점을 염두에 두고 체계적·근본적인 대북전략 및 통일정책 수립과 일관성 있는 실천이 절실히 요구되는 시점이다.

이러한 문제는 단순히 한 측면만 보고 현안대처 방식으로 해결될 수 있는 사안이 아닌 것이다. 북핵문제, 남북문제는 국제적·구조적으로 매우 복잡하게 얽혀있다는 점에서 복합적인 대응이 필요한 것이다. 특히 북핵문제가 강대국들의 이해관계를 바탕으로 한 자기들의 전략틀 속에

---

17 조성렬, "북한의 해개발과 동북아 지역안보 토론문," 『새로운 핵위험시대, 지속가능한 평화의 모색』, 서울대학교 통일평화연구원(2016.). pp. 58

서 다루어지고 있다는 점에서 우리의 좌표를 명확히 인식하고 대응해나가야 한다. 동시에 북한의 근본적 변화를 촉진하기 위한 다각적 노력이 있어야 하겠다. 북한 정권의 변화는 통일과정에서 반드시 거쳐야할 핵심적이고 중요한 사항이기 때문이다. 북한정권의 실질적인 변화가 없는 상태로는 근본문제가 해결되지 않으면 나중에 혼란만 가중시킬 수 있다. 북핵문제 해결과 동시에 북한 변화를 위한 노력이 병행되어야 한다.

북한을 근본적이고 실질적으로 변화시키기 위해서는 통일을 목표로 한 다양한 방안과 일관성 있는 체계적인 전략 구상이 필요한 것이다. 북한의 근본적 변화가 통일과정에서의 핵심사항이지만, 북한정권 붕괴 자체가 궁극적 목적이 되어서는 안될 것이다. 우리의 목표는 북한정권 변화 차원을 넘어 한반도 통일이며, 이의 실현을 위한 지속적인 정책의 실천조치가 필요한 것이다. 대북정책이 분단관리를 넘어 북한의 변화를 촉진하고, 궁극적인 통일정책으로 수렴될 수 있도록 다양한 방안이 추진되어야 한다.

북한을 변화시키기 위해서는 본질적이고 종합적인 정책·전략 없이는 한계에 봉착할 것이다. 이제는 현안에 국한된 협상이 아니라 근본적으로 문제를 해결할 수 있는 변화의 전기를 마련하고 이를 단계적으로 실천에 옮겨 통일을 위한 본격적인 정착·전략의 가동이 이루어져야 할 것이다. 이러한 본격적인 가동 속에서 북핵문제도 해결해 나가야 한다. 본질적인 현안들에 대해 실질적인 논의와 주변국들과의 협력을 유도해 낼 수 있는 능동적 대안을 마련하여 지속적으로 설득해 나가야 할 것이다. 큰 틀에서 세부적인 통일전략까지 수립하여 지속적으로 추진해야 한다. 한반도 상황이 미·중의 전략적 이해에 의해 좌지우지 되어서는 안 될 것이다. 한반도 평화체제의 구축과 비핵화는 남북이 함께 풀어나가야 할 최우선 과제이다. 한반도 평화체제 구축과 북핵문제 해결이 동북아 평화협력으로 나아가도록 우리는 어느 때보다도 남북관계 개선에 역량을 쏟아야 할 것이다.[18]

V. 마치며

북한은 생존을 위해 필사적이다. 미북관계와 남북관계는 반세기 이상 적대적 관계를 이어왔다. 북한은 숙적관계이기는 하나 경제적으로나 재래식 군사력에 있어서 남한의 경쟁 대상이 되지 못한지 이미 오래이다. 남한과 국력의 비대칭성(truncated power asymmetry)으로 인해 오히려 북한은 핵을 통해 스스로 생존하는 길을 모색하고 있다.

북한의 핵은 북한이 약하고 고립된 상황에서 오는 합리적 안보우려 (reasonable security concerns)의 결과물이다.[19] 북한이 핵무기를 보유하려는 의도는 선택이 아니라 생존을 위한 핵심적인 수단이다. 그러나 북한의 핵개발은 부정적인 환경을 조성하였고, 직면한 환경은 생각처럼 북한에게 유리하지만은 않다. 남한만큼 북한 역시 분단이라는 현실적인 제약에서 그리 자유롭지 못하다. 여기에 분단된 한반도를 둘러싼 미국과 중국 등 주변 국가들 간의 이해관계도 복잡하다. 그러나 불리한 상황 속에서 약함은 때로 힘과 무모한 용기를 발휘하게 한다. 어쩌면 북한에게

18_ 이관세, "대북봉쇄인가 대북개입인가: 한국의 시각," 경남대 극동문제연구소·대만 담강대학 국제연구학부, 『동아시아 안보질서 속의 한국과 대만(IFES 전략대화 자료집, 2016.4.5.)』 (서울: 경남대 극동문제연구소, 2016) 등 참고.

19_ 2009년 7월 제1차 미·중 전략 및 경제 대화에서 중국의 왕광야(王光亞) 외교부 상무부부장이 북핵문제의 해결을 위해 '합리적인 안보우려', '미·북 직접대화'를 미국에 촉구하였다. "China urges U.S. to accommodate DPRK's 'reasonable security concerns'," Xinhua, July 29, 2013.

핵은 필사적으로 살려는 자의 손에 들려진 칼과 같은 것이다.[20] 이러한 상황에서는 경제제재나 군사적 수단과 같은 강압적인 수단 하나에만 의존해서는 제대로 효과를 발휘할 수가 없고, 문제 해결을 위해서는 보다 생산적인 방법으로 다양한 접근을 해야 한다. 하지만 이것도 북한이 던지는 위협의 진의를 알지 못하면 전혀 쓸모가 없다.

북한이 4차 핵실험 이후 8개월 만에 5차 핵실험까지 강행한 상황에서 제재·압박이 더욱 강화되는 등 주변 정세가 복잡하고 빠르게 변화하고 있다. 북한의 핵 실전배치가 가까워오고 있다. 그동안 추진돼왔던 핵정책의 변화가 불가피해 보인다. 북한의 계획대로 핵이 실전배치 된다면 한반도의 안보는 그 판이 달라질 것이다. 한반도의 비핵화는 어려워질 것이다. 또한 한반도 문제에 대한 국제사회 개입의 폭은 훨씬 커질 것이다. 남북관계 진전도 어려워질 것이다. 통일환경도 악화될 것이다.

그러나 아직 기회의 창이 완전히 닫힌 것은 아니다. 북한은 경제문제에 치중하면서 국면전환에 고심하고 있는 모습이 역력하다. 북한이 핵을 체제 안정과 유지를 위해 절대적인 것으로 주장하며 평화협정 체결을 요구하고 있는 상황에서 북핵에 대한 방어에서 적극적 억제인 공세적 억지력 강화와 함께 협상 및 외교 등 다양한 수단을 동원해 병행 논의를 시작할 수 있는 첫 단추를 만들어야 한다. 무엇보다도 핵실험을 비롯한 핵동결을 우선 추진하면서 비핵화 실현을 위한 단계적 논의가 진행돼야 한다. 이에는 미·중의 적극적인 협력과 조치가 있어야 할 것이다.

여전히 북한이 체제와 정권의 붕괴 위협을 느끼고 있는 상황에서 핵무기를 먼저 포기할 가능성은 없어 보인다. 그렇다고 현재시점에서 평화체

20_ 토마스 셸링, 『갈등의 전략』(서울: 한국경제신문사, 2013), p. 44.

제가 구축되고 미국·일본과 관계정상화가 이루어져 북한이 당면한 위협요인이 제거된다고 하더라도 비핵화가 실현된다는 보장도 없다. 북한이 요구하는 안보와 생존은 현재의 보장이 아닌 미래를 포함한 영구적 보장이라는 측면에서 실현 불가능하기 때문이다. 그럼에도 불구하고 북한이 핵을 폐기할 수밖에 없는 전략적 환경을 조성하기 위한 접근전략을 실행하기 위해서는 절대적으로 북한이 핵을 포기할 수 없다는 가정을 전제해서는 안된다. 이제 미국이나 중국이 아닌 우리가 주도적으로 북핵문제 해결해 갈 수 있는 여건조성과 실효성 있는 정책 추진을 위해 적극적으로 노력해야 한다.

참고문헌

경남대 극동문제연구소 편.『동아시아 질서 변화와 한반도 미래』서울: 선인, 2015.

김동엽. "경제·핵무력 병진노선과 북한의 군사 변화 변화."『현대북한연구』. 제18권 2호, 2015.

김선영 옮김.『금융의 지배』. 서울: 민음사, 2012.

『로동신문』.

북한 외무성 대변인 담화. 2005.3.31, 2005.7.22.

『조선중앙통신』.

함형필. "북한의 핵개발과 동북아 지역안보,"『새로운 핵위험시대, 지속가능한 평화의 모색 』, 서울대 통일평화연구원, 2013

『중앙일보』.

조성렬,『한반도 평화체제 구축과 동북아질서 재편』, 평화재단 제7차 전문가포럼, 2007.3

토마스 셸링.『갈등의 전략』. 서울: 한국경제신문사, 2013.

Albright, D. *Future Directions In the DPRK's Nuclear Weapons Program: Three Scenarios For 2020*. 2015.

"China urges U.S. to accommodate DPRK's 'reasonable security concerns'." Xinhua. July 29, 2013.

Cossa, Ralph A. "U.S. Northeast Asia Policy: Revitalizing Alliances and Preserving Peace on the Peninsula."『전략연구』. 통권 49호, 2010.

Engel, Benjamin A. Ryu, Jaesung and Shin, Young-Hwan. "Bridging the Divide: South Korea's Role in Addressing Nuclear North Korea." *EAI Issue Briefing*. April 26, 2016.

Samuel S. Kim and Tai Hwan Lee, "Chines-North Korean Relations: Managing Asymmetrical Interdependence,"in Samuel S. Kim and Tai Hwan Lee, eds., *North Korean and Northeast Asia.* New York: Rowman & Littlefield Publishers, Inc, 2002.

Suhrke, Stri. "Gratuity or Tyranny: The Korean Alliances," *World Politics*, Vol. 25, No. 4, 1973.

부 록

미합중국과 조선민주주의인민공화국 간 기본합의문(1994.10.21)

미합중국(이하 미국으로 호칭)대표단과 조선민주주의인민공화국(이하 북한으로 호칭)대표단은 1994.9.23.부터 10.21 간 제네바에서 한반도 핵문제의 전반적 해결을 위한 협상을 가짐.

양측은 핵이 없는 한반도의 평화와 안전을 확보하기 위해서는 1994.8.12 미국과 북한 간의 합의발표문에 포함된 목표의 달성과 1993.6.11. 미국과 북한 간 공동발표문 상의 원칙의 준수가 중요함을 재확인함. 양측은 핵문제 해결을 위해 다음과 같은 조치들을 취하기로 결정함.

I. 양측은 북한의 흑연감속원자로 및 관련 시설을 경수로 원자로 발전소로 대체하기 위해 협력함.

1) 미국 대통령의 1994.10.20.자 보장서한의 의거하여, 미국은 2003년을 목표시한으로 총 발전용량 약 2,000MWe의 경수로를 북한에 제공하기 위한 조치를 주선할 책임을 짐.

   - 미국은 북한에 제공할 경수로의 재정조달 및 공급을 담당할 국제 콘소시엄을 미국의 주도 하에 구성함. 미국은 동 국제 콘소시엄을 대표하여 경수로 사업을 위한 북한과의 주 접촉선 역할을 수행함.

   - 미국은 국제 콘소시엄을 대표하여 본 합의문 서명 후 6개월 내에 북한과 경수로 제공을 위한 공급계약을 체결할 수 있도록 최선의 노력을 경주함. 계약 관련 합의는 본 합의문 서명 후 가능한 조속한 시일 내 개시함.

- 필요한 경우 미국과 북한은 핵에너지의 평화적 이용 분야에 있어서의 협력을 위한 양자협정을 체결함.

2) 1994.10.20.자 대체에너지 제공 관련 미국 대통령의 보장서한에 의거 미국은 국제 콘소시엄을 대표하여 북한의 흑연감속원자로 동결에 따라 상실된 에너지를 첫 번째 경수로 완공시까지 보전하기 위한 조치를 주선함.

- 대체에너지는 난방과 전력 생산을 위해 중유로 공급됨.

- 중유의 공급은 본 합의문 서명 후 3개월 내 개시되고 양측 간 합의된 공급 일정에 따라 연간 50만톤 규모까지 공급됨.

3) 경수로 및 대체에너지 제공에 대한 보장서한 접수 즉시 북한은 흑연감속원자로 및 관련 시설을 동결하고, 궁극적으로 이를 해체함.

- 북한의 흑연감속원자로 및 관련 시설의 동결은 본 합의문 서명 후 1개월 내 완전 이행됨. 동 1개월 동안 및 전체 동결기간 중 IAEA가 이러한 동결상태를 감시하는 것이 허용되며, 이를 위해 북한은 IAEA에 대해 전적인 협력을 제공함.

- 북한의 흑연감속원자로 및 관련 시설의 해체는 경수로 사업이 완료될 때 완료됨.

- 미국과 북한은 5MWe 실험용 원자로에서 추출된 사용후 연료봉을 경수로 건설기간 동안 안전하게 보관하고, 북한내에서 재처리하지 않는 안전한 방법으로 동 연료가 처리될 수 있는 방안을 강구하기 위해 상호 협력함.

4) 본 합의 후 가능한 조속한 시일 내에 미국과 북한의 전문가들은 두 종류의 전문가 협의를 가짐.

- 한쪽의 협의에서 전문가들은 대체에너지와 흑연감속원자로의 경수로로의 대체와 관련된 문제를 협의함.

- 다른 한쪽의 협의에서 전문가들은 사용후 연료 보관 및 궁극적 처리를 위한 구체적 조치를 협의함.

II. 양측은 정치적, 경제적 관계의 완전 정상화를 추구함.

1) 합의 후 3개월 내 양측은 통신 및 금융거래에 대한 제한을 포함한 무역 및 투자 제한을 완화시켜 나감.

2) 양측은 전문가급 협의를 통해 영사 및 여타 기술적 문제가 해결된 후에 쌍방의 수도에 연락사무소를 개설함.

3) 미국과 북한은 상호 관심사항에 대한 진전이 이루어짐에 따라 양국 관계를 대사급으로까지 격상시켜 나감.

III. 양측은 핵이 없는 한반도의 평화와 안전을 위해 함께 노력함.

1) 미국은 북한에 대한 핵무기 불위협 또는 불사용에 관한 공식 보장을 제공함.

2) 북한은 한반도 비핵화 공동선언을 이행하기 위한 조치를 일관성 있게 취함.

3) 본 합의문이 대화를 촉진하는 분위기를 조성해 나가는 데 도움을 줄 것이기 때문에 북한은 남북대화에 착수함.

Ⅳ. 양측은 국제적 핵비확산 체제 강화를 위해 함께 노력함.

1) 북한은 핵비확산조약(NPT) 당사국으로 잔류하며 동 조약 상의 안전조치 협정 이행을 허용함.

2) 경수로 제공을 위한 공급 계약 체결 즉시, 동결 대상이 아닌 시설에 대하여 북한과 IAEA 간 안전조치 협정에 따라 임시 및 일반사찰이 재개됨. 경수로 공급계약 체결시까지, 안전조치의 연속성을 위해 IAEA가 요청하는 사찰은 동결 대상이 아닌 시설에서 계속됨.

3) 경수로 사업의 상당 부분이 완료될 때, 그러나 주요 핵심 부품의 인도 이전에, 북한은 북한내 모든 핵물질에 대한 최초보고서의 정확성과 완전성을 검증하는 것과 관련하여 IAEA와의 협의를 거쳐 IAEA가 필요하다고 판단하는 모든 조치를 취하는 것을 포함하여 IAEA 안전조치협정(INFCIRC/403)을 완전히 이행함.

조 선 민 주 주 의 인 민 공 화 국	미	합	중	국
수 석 대 표	수	석	대	표
조 선 민 주 주 의 인 민 공 화 국	미	합	중	국
외 교 부 제 1 부 부 장	본	부	대	사
강 석 주	로 버 트	갈 루 치

출처: 통일부, 『1994 통일백서』(1994), 317~320쪽.

제4차 6자회담 공동성명(2005.9.19, 베이징)

제4차 6자회담이 베이징에서 중화인민공화국, 조선민주주의인민공화국, 일본, 대한민국, 러시아연방, 미합중국이 참석한 가운데 2005년 7월 26일부터 8월 7일까지 그리고 9월 13일부터 19일까지 개최되었다.

우다웨이 중화인민공화국 외교부 부부장, 김계관 조선민주주의인민공화국 외무성 부상, 사사에 켄이치로 일본 외무성 아시아대양주 국장, 송민순 대한민국 외교통상부 차관보, 알렉세예프 러시아연방 외무부 차관, 그리고 크리스토퍼 힐 미합중국 국무부 동아태 차관보가 각 대표단의 수석대표로 동 회담에 참석하였다.

우다웨이 부부장은 동 회담의 의장을 맡았다.

한반도와 동북아시아 전반의 평화와 안정이라는 대의를 위해, 6자는 상호 존중과 평등의 정신하에, 지난 3회에 걸친 회담에서 이루어진 공동의 이해를 기반으로, 한반도의 비핵화에 대해 진지하면서도 실질적인 회담을 가졌으며, 이러한 맥락에서 다음과 같이 합의하였다.

1. **6자는 6자회담의 목표가 한반도의 검증가능한 비핵화를 평화적인 방법으로 달성하는 것임을 만장일치로 재확인하였다.**

조선민주주의인민공화국은 모든 핵무기와 현존하는 핵계획을 포기할 것과, 조속한 시일 내에 핵확산금지조약(NPT)과 국제원자력기구(IAEA)의 안전조치에 복귀할 것을 공약하였다.

미합중국은 한반도에 핵무기를 갖고 있지 않으며, 핵무기 또는 재래식 무기로 조선민주주의인민공화국을 공격 또는 침공할 의사가 없다는 것을 확인하였다.

대한민국은 자국 영토 내에 핵무기가 존재하지 않는다는 것을 확인하면서, 1992년도 「한반도의 비핵화에 관한 남·북 공동선언」에 따라, 핵무기를 접수 또는 배비하지 않겠다는 공약을 재확인하였다.

1992년도 「한반도의 비핵화에 관한 남·북 공동선언」은 준수, 이행되어야 한다.

조선민주주의인민공화국은 핵에너지의 평화적 이용에 관한 권리를 가지고 있다고 밝혔다. 여타 당사국들은 이에 대한 존중을 표명하였고, 적절한 시기에 조선민주주의인민공화국에 대한 경수로 제공 문제에 대해 논의하는데 동의하였다.

2. 6자는 상호 관계에 있어 국제연합헌장의 목적과 원칙 및 국제관계에서 인정된 규범을 준수할 것을 약속하였다.

조선민주주의인민공화국과 미합중국은 상호 주권을 존중하고, 평화적으로 공존하며, 각자의 정책에 따라 관계정상화를 위한 조치를 취할 것을 약속하였다.

조선민주주의인민공화국과 일본은 평양선언에 따라, 불행했던 과거와 현안사항의 해결을 기초로 하여 관계정상화를 위한 조치를 취할 것을 약속하였다.

3. 6자는 에너지, 교역 및 투자 분야에서의 경제협력을 양자 및 다자적으로 증진시킬 것을 약속하였다.

중화인민공화국, 일본, 대한민국, 러시아연방 및 미합중국은 조선민주주의인민공화국에 대해 에너지 지원을 제공할 용의를 표명하였다.

대한민국은 조선민주주의인민공화국에 대한 2백만 킬로와트의 전력 공급에 관한 2005.7.12자 제안을 재확인하였다.

4. 6자는 동북아시아의 항구적인 평화와 안정을 위해 공동 노력할 것을 공약하였다.

직접 관련 당사국들은 적절한 별도 포럼에서 한반도의 항구적 평화체제에 관한 협상을 가질 것이다.

6자는 동북아시아에서의 안보협력 증진을 위한 방안과 수단을 모색하기로 합의하였다.

5. 6자는 '공약 대 공약', '행동 대 행동' 원칙에 입각하여 단계적 방식으로 상기 합의의 이행을 위해 상호조율된 조치를 취할 것을 합의하였다.

6. 6자는 제5차 6자회담을 11월초 북경에서 협의를 통해 결정되는 일자에 개최하기로 합의하였다.

출처: 외교부 웹사이트.

9.19 공동성명 이행을 위한 초기 조치(2007.2.13)

제5차 6자회담 3단계회의가 베이징에서 중화인민공화국, 조선민주주의인민공화국, 일본, 대한민국, 러시아연방, 미합중국이 참석한 가운데, 2007년 2월 8일부터 13일까지 개최되었다.

우다웨이 중화인민공화국 외교부 부부장, 김계관 조선민주주의인민공화국 외무성 부상, 사사에 켄이치로 일본 외무성 아시아대양주 국장, 천영우 대한민국 외교통상부 한반도평화교섭본부장, 알렉산더 로슈코프 러시아 외무부 차관, 그리고 크리스토퍼 힐 미합중국 국무부 동아태 차관보가 각 대표단의 수석대표로 동 회담에 참석하였다.

우다웨이 부부장은 동 회담의 의장을 맡았다.

I. 참가국들은 2005년 9월 19일 공동성명의 이행을 위해 초기단계에서 각국이 취해야 할 조치에 관하여 진지하고 생산적인 협의를 하였다. 참가국들은 한반도 비핵화를 조기에 평화적으로 달성하기 위한 공동의 목표와 의지를 재확인하였으며, 공동성명상의 공약을 성실히 이행할 것이라는 점을 재확인하였다. 참가국들은 '행동 대 행동'의 원칙에 따라 단계적으로 공동성명을 이행하기 위해 상호 조율된 조치를 취하기로 합의하였다.

II. 참가국들은 초기단계에 다음과 같은 조치를 병렬적으로 취하기로 합의하였다.

 1. 조선민주주의인민공화국은 궁극적인 포기를 목적으로 재처리 시설

을 포함한 영변 핵시설을 폐쇄·봉인하고 IAEA와의 합의에 따라 모든 필요한 감시 및 검증활동을 수행하기 위해 IAEA 요원을 복귀토록 초청한다.

2. 조선민주주의인민공화국은 9.19 공동성명에 따라 포기하도록 되어 있는, 사용후 연료봉으로부터 추출된 플루토늄을 포함한 공동성명에 명기된 모든 핵프로그램의 목록을 여타 참가국들과 협의한다.

3. 조선민주주의인민공화국과 미합중국은 양자간 현안을 해결하고 전면적 외교관계로 나아가기 위한 양자대화를 개시한다. 미합중국은 조선민주주의인민공화국을 테러지원국 지정으로부터 해제하기 위한 과정을 개시하고, 조선민주주의인민공화국에 대한 대적성국 교역법 적용을 종료시키기 위한 과정을 진전시켜 나간다.

4. 조선민주주의인민공화국과 일본은 불행한 과거와 미결 관심사안의 해결을 기반으로, 평양선언에 따라 양국관계 정상화를 취해 나가는 것을 목표로 양자대화를 개시한다.

5. 참가국들은 2005년 9월 19일 공동성명의 1조와 3조를 상기하면서, 조선민주주의인민공화국에 대한 경제·에너지·인도적 지원에 협력하기로 합의하였다. 이와 관련, 참가국들은 초기단계에서 조선민주주의인민공화국에 긴급 에너지 지원을 제공하기로 합의하였다. 중유 5만톤 상당의 긴급 에너지 지원의 최초 운송은 60일 이내에 개시된다.

참가국들은 상기 초기 조치들이 향후 60일 이내에 이행되며, 이러한 목표를 향하여 상호 조율된 조치를 취한다는데 합의하였다.

Ⅲ. 참가국들은 초기조치를 이행하고 공동성명의 완전한 이행을 목표로 다음과 같은 실무그룹(W/G)을 설치하는데 합의하였다.

1. 한반도 비핵화
2. 미·북 관계정상화
3. 일·북 관계정상화
4. 경제 및 에너지 협력
5. 동북아 평화·안보 체제

실무그룹들은 각자의 분야에서 9.19 공동성명의 이행을 위한 구체적 계획을 협의하고 수립한다. 실무그룹들은 각각의 작업진전에 관해 6자회담 수석대표 회의에 보고한다. 원칙적으로 한 실무그룹의 진전은 다른 실무그룹의 진전에 영향을 주지 않는다. 5개 실무그룹에서 만들어진 계획은 상호 조율된 방식으로 전체적으로 이행될 것이다.

참가국들은 모든 실무그룹 회의를 향후 30일이내에 개최하는데 합의하였다.

Ⅳ. 초기조치 기간 및 조선민주주의인민공화국의 모든 핵프로그램에 대한 완전한 신고와 흑연감속로 및 재처리 시설을 포함하는 모든 현존하는 핵시설의 불능화를 포함하는 다음단계 기간중, 조선민주주의인민공화국에 최초 선적분인 중유 5만톤 상당의 지원을 포함한 중유 100만톤 상당의 경제·에너지·인도적 지원이 제공된다.

상기 지원에 대한 세부 사항은 경제 및 에너지 협력 실무그룹의 협의적절한 평가를 통해 결정된다.

Ⅴ. 초기조치가 이행되는 대로 6자는 9.19 공동성명의 이행을 확인하고 동북아 안보협력 증진방안 모색을 위한 장관급 회담을 신속하게 개최한다.

Ⅵ. 참가국들은 상호신뢰를 증진시키기 위한 긍정적인 조치를 취하고 동북아시아에서의 지속적인 평화와 안정을 위한 공동노력을 할 것을 재확인하였다. 직접 관련 당사국들은 적절한 별도 포럼에서 한반도의 항구적 평화체제에 관한 협상을 갖는다.

Ⅶ. 참가국들은 실무그룹의 보고를 청취하고 다음단계 행동에 관한 협의를 위해 제6차 6자회담을 2007년 3월 19일에 개최하기로 합의하였다.

대북 지원부담의 분담에 관한 합의 의사록

미합중국, 중화인민공화국, 러시아연방, 대한민국은 각국 정부의 결정에 따라, Ⅱ조 5항 및 Ⅳ조에 규정된 조선민주주의인민공화국에 대한 지원부담을 평등과 형평의 원칙에 기초하여 분담할 것에 합의하고, 일본이 자국의 우려사항이 다루어지는 대로 동일한 원칙에 따라 참여하기를 기대하며, 또 이 과정에서 국제사회의 참여를 환영한다.

출처: 외교부 웹사이트.

9.19 공동성명 이행을 위한 제2단계 조치(2007.10.3)

제6차 6자회담 2단계회의가 베이징에서 중화인민공화국, 조선민주주의인민공화국, 일본, 대한민국, 러시아연방, 미합중국이 참석한 가운데, 2007년 9월 27일부터 30일까지 개최되었다.

우다웨이 중화인민공화국 외교부 부부장, 김계관 조선민주주의인민공화국 외무성 부상, 사사에 켄이치로 일본 외무성 아시아대양주국장, 천영우 대한민국 외교통상부 한반도평화교섭본부장, 알렉산더 로슈코프 러시아 외무부 차관, 그리고 크리스토퍼 힐 미합중국 국무부 동아태 차관보가 각 대표단의 수석대표로 동 회담에 참석하였다.

우다웨이 부부장은 동 회담의 의장을 맡았다.

참가국들은 5개 실무그룹의 보고를 청취, 승인하였으며, 2.13 합의상의 초기조치 이행을 확인하였고, 실무그룹회의에서 도달한 컨센서스에 따라 6자회담 과정을 진전시켜 나가기로 합의하였으며, 또한 평화적인 방법에 의한 한반도의 검증가능한 비핵화를 목표로 하는 9.19 공동성명의 이행을 위한 제2단계 조치에 관한 합의에 도달하였다.

I. 한반도 비핵화

1. 조선민주주의인민공화국은 9.19 공동성명과 2.13 합의에 따라 포기하기로 되어 있는 모든 현존하는 핵시설을 불능화하기로 합의하였다.

영변의 5MWe 실험용 원자로, 재처리시설(방사화학실험실) 및 핵연료봉 제조시설의 불능화는 2007년 12월 31일까지 완료될 것이다. 전문가 그룹이 권고하는 구체 조치들은, 모든 참가국들에게 수용 가능하고,

과학적이고, 안전하고, 검증가능하며, 또한 국제적 기준에 부합되어야 한다는 원칙들에 따라 수석대표들에 의해 채택될 것이다. 여타 참가국들의 요청에 따라, 미합중국은 불능화 활동을 주도하고, 이러한 활동을 위한 초기 자금을 제공할 것이다. 첫번째 조치로서, 미합중국측은 불능화를 준비하기 위해 향후 2주내에 조선민주주의인민공화국을 방문할 전문가 그룹을 이끌 것이다.

2. 조선민주주의인민공화국은 2.13 합의에 따라 모든 자국의 핵프로그램에 대해 완전하고 정확한 신고를 2007년 12월 31일까지 제공하기로 합의하였다.

3. 조선민주주의인민공화국은 핵 물질, 기술 또는 노하우를 이전하지 않는다는 공약을 재확인하였다.

Ⅱ. 관련국간 관계정상화

1. 조선민주주의인민공화국과 미합중국은 양자관계를 개선하고 전면적 외교관계로 나아간다는 공약을 유지한다. 양측은 양자간 교류를 증대하고, 상호 신뢰를 증진시킬 것이다. 조선민주주의인민공화국을 테러지원국 지정으로부터 해제하기 위한 과정을 개시하고 또 조선민주주의인민공화국에 대한 대적성국 교역법 적용을 종료시키기 위한 과정을 진전시켜나간다는 공약을 상기하면서, 미합중국은 미·북 관계정상화 실무그룹 회의를 통해 도달한 컨센서스에 기초하여, 조선민주주의인민공화국의 조치들과 병렬적으로 조선민주주의인민공화국에 대한 공약을 완수할 것이다.

2. 조선민주주의인민공화국과 일본은 불행한 과거 및 미결 관심사안의 해결을 기반으로, 평양선언에 따라 양국관계를 신속하게 정상화하

기 위해 진지한 노력을 할 것이다. 조선민주주의인민공화국과 일본은 양측간의 집중적인 협의를 통해, 이러한 목적 달성을 위한 구체적인 조치를 취해 나갈 것을 공약하였다.

III. 조선민주주의인민공화국에 대한 경제 및 에너지 지원

2.13 합의에 따라, 중유 100만톤 상당의 경제·에너지·인도적 지원(기전달된 중유 10만톤 포함)이 조선민주주의인민공화국에 제공될 것이다. 구체 사항은 경제 및 에너지협력 실무그룹에서의 논의를 통해 최종 결정될 것이다.

IV. 6자 외교장관회담

참가국들은 적절한 시기에 북경에서 6자 외교장관회담이 개최될 것임을 재확인하였다.

참가국들은 외교장관회담 이전에 동 회담의 의제를 협의하기 위해 수석대표 회의를 개최하기로 합의하였다.

출처: 외교부 웹사이트.

▌ 저자 소개 ▌

이관세   경남대 석좌교수
　　　　　전 통일부 차관

조성렬   국가안보전략연구원 책임연구위원

이영훈   SK경영경제연구소 수석연구원

이정철   숭실대 정치외교학부 교수

장철운   경남대 극동문제연구소 연구교수